KABBALAH
VESTENS LEVENDE
MYSTERIETRADISJON

OVE JOACHIM SVELA

KRYSTIANIA

Published 2010 by Krystiania

© Ove Joachim Svela 2010

Cover: Joachim Svela

ISBN 978-82-998243-2-3

INNHOLD

"Du er Mennesket!
Glem aldri at du er en representant for Menneskeverdet.
Respekter din åndelige adelighet, for dette er ditt første
og høyeste oppdrag på jorden."

-Louis-Claude de Saint-Martin

TAKK TIL

Mamma, som gav meg min første Zohar
Pappa, som gav meg dødsforakt
Sølvi Nykland, som bannlyste semikolon
Anne Margrethe Rømcke, som lærte meg norsk
Joan Allen, som gav meg nøkkelen til F.R.C.
Gro Rebnord, min Matron
Rune Ødegaard, som aldri sover
Jan Magne Torp, som ga meg mat når jeg var sulten
Tommy Westlund
Kjetil Fjell
Stian Andorsen
Brødre og Søstre
Fratres et Sorores
+65

Forord

Dette er en bok om Mystisisme.

Igjennom hele vår tilværelse møter vi stadig ubesvarte spørsmål, uoverkommelige murer og bunnløse avgrunner. -Vansker vi alle må igjennom, og situasjoner vi havner i som er av en slik uklar natur at man ikke vet hvordan man skal forholde seg til dem.

Livet er fullt av slike gråsoner, og igjennom historien har mennesket skapt seg utallige ideologier og trosretninger som skal utruste oss med så faste fundamenter, at vi til en hver tid vet hva som er rett og galt. Dette fungerer ofte godt, og vi føler oss trygge på oss selv og verden rundt oss. Men så hender det noe utenom det vanlige. Kriger oppstår, og ikke lenger er det så lett og se alt i sort hvitt. Mennesker vi er glade i blir tatt fra oss, forbrytere går fri, og vi spør hvor rettferdigheten er. Våre helter og idealer viser sine skyggesider og faller fra sine høye hester, og vi står igjen alene.

Når vi så står der, med alle røtter rykket opp, innser vi at ingen ideologi er universell, uten at den realiseres gjennom enkeltindividet, og manifesteres unikt i en hver situasjon. Vi må tenke selv.

Mystisismen er det enkelte menneskes søken etter seg selv. Den endeløse jakten på ens opphav, identitet og mål i livet. Vi er alle som foreldreløse barn, og må lære å stå på egne ben i livet, og ikke la andre tenke for oss, snakke for oss eller handle for oss.

En mystiker tror ikke. Han enten vet eller vet ikke.

Alle er forskjellige, og likevel så like. Alle går sin egen vei igjennom livet, men vi har alltid andre sammen med oss. Hvordan skal vi forholde oss til samfunnet, og ikke minst oss selv? Mystisismen er ikke en bevegelse. Den er et fellesbegrep for alle de kurser som mennesker setter på egen hånd, mot sine egne mål. Det er en indre vei, igjennom selvransakelse og kontemplasjon.

Alle kulturer utvikler sine egne religioner, alle farget av det temperament og de omgivelser de oppstod i. Alle er preget av menneskets ensomhet i en verden som virker fremmed, farlig, uforståelig, og uforutsigbar, men kanskje mest sentralt står vår frykt for døden –Den umålbare region.

Religionen har som formål å forklare oss alle disse sidene av livet og hva som kommer før og etter, men i alle kulturer har det trådt fram enkeltmennesker som ikke godtar svar fra andre, men som vil utforske tilværelsens mysterier på egenhånd. Disse er også barn av sin tid, sitt land og sitt folk, men historien viser at det disse mystikerne kommer frem til, uansett kultur og bakgrunn, er som regel samme budskap og samme erkjennelser, de ser bak symbolenes fasader og bygger broer mellom mennesker i stedet for murer. De gjør ikke forskjell på hverandre, eller på hverandres Guder, de forener, og splitter ikke, de skaper fred og kriger ikke.

Dette har de gjort siden tidenes morgen, og dette gjør de den dag i dag.

Dette er en bok om Mystisisme.

Del 1: Introduksjon - Emanasjon

Hør mine ord, dere vise menn, lytt nå, dere som vet så mye!
Øret prøver de ord som sies, likesom ganen smaker på maten.
La oss nå velge det som er rett, og sammen finne det som er godt.

-Job 34 2-4

En mystiker er en person som baserer sin forståelse og erkjennelse av verden på en egen, indre åndelig erfaring, noe som til syvende og sist gjør hans kosmologi empirisk ubeviselig i sin helhet. Denne erfaringen er individuell, men gjennom kulturhistorien er temaet som går igjen, kretsende rundt en indre opplevelse av Guds nærvær, vel i naturen, men først og fremst i mystikeren selv. Denne opplevelsen betegnes som ubeskrivelig, og når mystikeren ønsker å videreformidle sitt budskap til andre, må han ta i bruk symboler og allegorier, som bak sitt skyggespill skjuler Mysteriet; den tilslørte Sannhet.

Kabbalah er en den mest fremtredende mysterietradisjonen i vesten, og stammer opprinnelig fra jødedommen. Det er en egen retning innen mystikken som inneholder et enormt spekter av tanker og spekulasjoner rundt de evige spørsmål om Guds eventuelle eksistens, hans/hennes natur og opphav, skapelsen, kosmos, menneskets rolle i universet, sjelen, ånden, livet, naturen og hvordan disse er knyttet sammen og utfolder seg.

Videre har kabbalismen også en praktisk side som omhandler meditative, mystiske og magiske øvelser, som har til hensikt å sette enkeltindividet på prøve, rense og foredle det ved bruk av symboler og allegorier. På dette vis løfter man seg selv over sine lavere impulser, selviske drifter, og gjenreises til en bevissthet hvor man vinner klarhet, frihet og innsikt i sitt eget vesens dypeste natur. Det endelige målet med dette arbeidet er å gjenforene den guddommelige gnist som ligger forvart i hver og en av oss med sitt sanne opphav, den Evige.

Selve ordet Kabbalah er hebraisk og kommer av ordet "Kibél"[1]. Dette gjenspeiler hele metodikken i måten Kabbalah først ble undervist på; som en muntlig tradisjon fra munn til øre, kun for de som ble ansett som verdige for "Den Hemmelige Visdommen"[2], som tradisjonen også ble kalt.

De første rent kabbalistiske tekstene finner vi ikke før rundt år 1100, men vi vet at det sirkulerte forskjellige skrifter innenfor jødedommen som har kabbalistiske tendenser, allerede i det første århundret etter Kristus. I sin første form dreide kabbalismen seg primært om studie og tolkning av hellige jødiske tekster, men utviklet seg videre til å behandle forskjellige spirituelle konsepter som f.eks. reinkarnasjon[3], karma[4], og alle tings underliggende matematiske natur , gematria[5].

Kabbalismen bærer i seg mange preg fra andre samtidige og tidligere mysterietradisjoner, og inneholder klare elementer fra egyptisk, gresk og kaledeisk mystisisme. Vi finner i kabbalismen ikke bare en enorm europeisk kulturarv, men også en filosofisk og vitenskapelig tradisjon som i sin utvikling har adoptert andre tradisjoner som blir sett på som selvstendige. Her kan man nevne

---

1 "Å Motta"

2 "Chokmah Nistorah"

3 Heb: "Tikkun Olam" –"Verdens Reintegrering" –tanken om at sjeler reinkarneres for å gjenreise universet, som iflg. Isaac Luria har falt fra sin opprinnelige tilstand av fred og ekvilibrium.

4 "Sod ha Gimol" -"Guddommelig Gjengjeldelse"

5 En form for numerologi.

bl.a. Alkymi, Tarot og Astrologi.

Kabbalah virker ofte fremmed og eksotisk på de fleste mennesker i vesten, og de færreste har hørt navnet i det hele tatt. Graver man derimot under den vestlige kulturhistoriens overflate, finner vi at den kabbalistiske læren ikke bare har påvirket større esoteriske selskap som Templarene, Frimurerne, Rosenkreuzerne og Martinistene, men også større personligheter som Baruch Spinoza, W.B Yeats, Wergeland, Wolfgang von Goethe, Mozart, Jacob Boehme m.m. For øvrig kan vi finne spor av kabbalismen og dens symbolikk i mange mellomeuropeiske katedraler, kirker og kapeller, både i form av dekorasjoner og inskripsjoner, samt selve de geometriske løsningene kirkebyggene er konstruert etter.

Men hvorfor, kan man spørre seg selv, skal et moderne menneske studere en flere hundre, opptil tusen år gammel samling med tanker om naturens oppbygning, meningen med livet og menneskets hensikt? Så lenge mennesket har hatt evnen til å resonnere over sin egen eksistens, så har det stilt seg selv tre følgende spørsmål:

Hvem er Jeg?   Hvor kommer jeg fra?   Hvor skal jeg hen?

Her viser Kabbalah sin sterkeste side, ikke i måten svarene gis, men i form av at enkeltmennesket selv må finne sine egne svar, og blir tildelt et symbol, eller kart, om man vil, for å katalogisere og analysere alle erfaringer og tanker det har i løpet av sin egen utvikling, og se på forskjeller og likheter mellom forskjellige former for tanker, følelser, adferder og prosesser man går igjennom i løpet av livet.

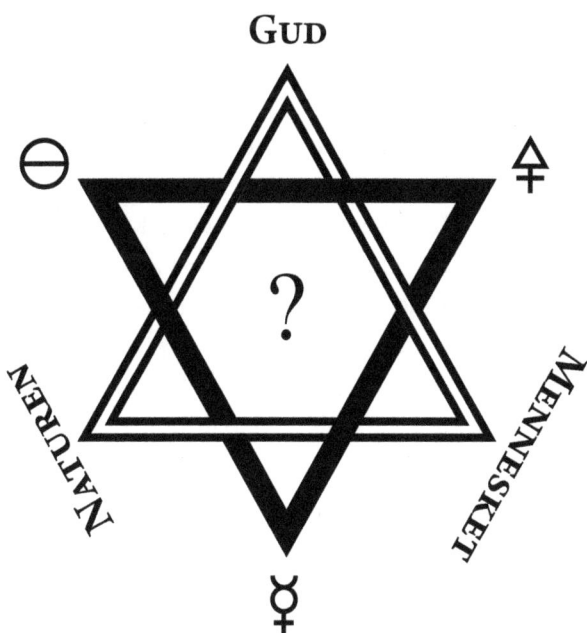

GUD

NATUREN

MENNESKET

?

MYSTERIET

Forholdet mellom Gud, Mennesket og Naturen

LIVETS TRE

Dette symbolkartet, består av ti sfærer, kalt "sephirot"[6], og 22 stier som binder dem til hverandre. Det sammenfatter hele den kabbalistiske lære, har som formål å være en symbolsk og dynamisk fremstilling av alt som eksisterer. Av denne grunn må det være et utdypelig symbol, hvor man kan tre inn den enkelte sfære og der finne et nytt "tre", som igjen kan utdypes i det uendelige.

Tradisjonen forteller at det ikke er et brått skille mellom Gud, Menneske og Naturen, men at disse tre er uatskillelig sammenbundet. Gud skaper naturen, med sine elementer og lovmessigheter. Ut av dette formes mennesket, som blir tildelt en egen bevissthet, eller en Guddommelig Gnist. Mennesket blir da en mellomting mellom den "døde materie" og Gud. –Et dualt vesen, med en forgjengelig kropp og en udødelig sjel.
Siden naturen av tradisjonen er en skygge av Gud, og mennesket er skapt i hans bilde, vil man kunne gjenkjenne felles prosesser hos alle tre; fødsel, liv og død, sykluser, evolusjon og lovmessigheter. Ved å studere seg selv, vil man altså se prosesser i naturen. Ved å studere naturen vil man se prosesser i seg selv og andre mennesker, og summen av denne kunnskapen vil resultere i en forståelse av alle tings opphav og funksjon; det Absolutte, Sannheten, eller Gud om man vil. Kjenner man to vinkler i en trekant, kjenner man også den tredje. Livets Tre har som funksjon å kunne utdype dette Guddommelige Triangel, med andre ord å portrettere Guds egenskaper, menneskets psyke, naturens lover, og forholdet mellom dem.

---

6 Heb: "siffer", eller "nummer"

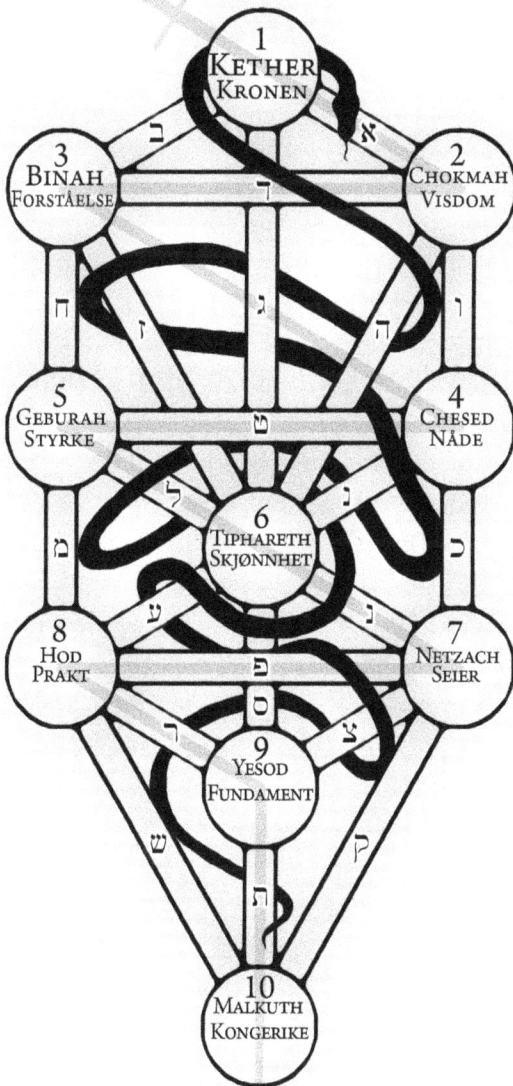

Livets Tre - Kabbalismens kart over Skapelsen og Mennesket

DEL 2 - KREASJON

Godt folk, jeg roper til dere,
til menneskene lyder min røst.
Lær klokskap dere uerfarne,
få nå forstand dere dårer!

Ordspråkene 8 4-5

KABBALISMENS MYTISKE HISTORIE

For å kunne forstå kabbalismens natur, samt dens innvirkning på vestens tenkning, kunst og kultur, er det essensielt å kjenne dens historie, både den mytiske så vel som faktiske. Jødene har en egen beretning om hvordan mennesket fikk sin første kontakt med den kabbalistiske lære, og som i alt ellers i jødedommen er det en vakker fortelling, svøpt i et klede av poesi og dyp symbolikk. Ingenting skal leses blindt og ordrett, men kontempleres over, og relateres til leseren selv. Vi vender oss derfor til den mest sentrale kilden til religiøs kunnskap innenfor jødedommen, selve teksten som skal være Guds ord og Lov; Toraen.

Toraen, *loven eller intruksjonen,* er hva den kristne verden kjenner som "Det Gamle Testamentet" og vi skal se nærmere på første Mosebok. Her finner vi mye av den essensielle læren i kabbalismen, og ikke minst selve strukturen til Livets Tre, det sistnevnte skal vi derimot ta for oss i et senere kapittel, spesielt egnet til temaet.

Nedenfor følger en gammel kabbalistisk tekst fra skolen som var i Gerona, Spania, samt to bibelhistorier tolket i lys av kabbalismens symbolspråk. Dette er gjort for å gi et bilde, ikke bare av kabbalistisk filosofi og tankegang, men også for å vise hvordan Bibelens budskap gir ny mening på et dypere og filosofisk plan, samt gi beretningen om menneskets møte med kabbalismen.

Vi begynner derimot ikke ved begynnelsen; men før selve begynnelsen inntraff. -Et tilsynelatende absurd utsagn som krever en viss utdypning;

I den generelle vestlige oversettelsen av Bibelen, lyder første Mosebok som følger:

"I BEGYNNELSEN SKAPTE GUD HIMMELEN OG JORDEN."

Allerede så tidlig i oversettelsesprosessen fra hebraisk, har store deler av det mystiske innholdet gått tapt, ganske enkelt fordi det norske språk plasserer preposisjonen ("i") foran ordet begynnelsen.
Vi er ikke alene om å gjøre denne feilen, vi finner den også i tysk[7], fransk[8] og engelsk[9] samt et utall andre språk som ikke tilhører den semittiske språkgruppen.

Man kan spørre seg selv hva en slik språklig detaj har å si for tekstens betydning, men en Kabbalist ville se på det som svært viktig. På hebraisk lyder de første ordene av Mosebøkene som følger:

---

7 "Am anfang Gott schaftet Himmel und Erde"

8 "Au commencement, Dieu créa cieux et la terre"

9 "In the beginning God created the heavens and the earth"

"Bereshith bara Elohim at heshemaiim wat ha-aretz"

Eller direkte oversatt:

"Begynnelsen; Guder skaper Vannene og Jorden"

Ordet Bereshith, eller begynnelsen, staves med bokstaven B, eller "Beth" først, som er den andre bokstaven, etter A, eller "Aleph" både i det norske og hebraiske alfabetet[10].
Det faktum at jødedommens helligste bok begynner med den sekundære bokstaven symboliserer at det eksisterte noe før Toraen og den fysiske skapelsen inntraff.

Man kan spørre seg selv om hva dette kunne være, og kabbalister igjennom århundrene har filosofert rundt dette temaet. De bruker begreper som "Gud", Ingen-Ting, Uendelighet, Det Uendelige lyset og Det Absolutte. Alle faller sammen under forestillingen om en "negativ eksistens". Dette vil jeg komme tilbake til senere i boken, men la oss nå lese og studere en velkjent kabbalists tanker om emnet:
Følgende sinnbilde kalles "Tzimtzum[11]", og blir beskrevet i Rabbi Isaac Lurias "Etz Chaiim" som følger på neste side.

Før jeg gjengir teksten, vil jeg opplyse om en beskaffenhet ved ordet "Gud". Mens vi i den kristne tradisjonen til vanlig benytter kun dette navnet på skaperkraften, har man i jødedommen flere navn, som brukes konsekvent i spesifikke sammenhenger i bibelen.

---

10 Ordet "alfabet" kommer av de to første bokstavene i det hebraiske alfabetet, nemlig "Alef-Beth"

11 "Konstriksjon" eller "sammentrekkning"

De fire vanligste er "Yehova", som er spesielt interessant fra et kabbalistisk synspunkt, og som vi skal gå nærmere inn på senere, "Adonai", som betyr "min Herre", "Eheye" som betyr "Jeg Er", og det fjerde som er "Elohim", som er det første som forekommer i Bibelen under skapelsen.

Dette navnet, Elohim, er særlig interessant, ettersom det ikke er hankjønn eller hunkjønn, men begge deler. -Nærmere bestemt en maskulin flertallsform av et ord som er feminint i entallsform, Eloha, som kommer av Elohai som betyr "Min Gud".

Den teologiske verdien av dette får være opp til leseren å bedømme selv, men jeg synes det er interessant at mens kristendommen, og mange andre monoteistiske religioner (også jødedommen) har stemplet Gud som en patriarkalsk og mannlig figur, står det i Bibelen, "Guds ord", at Gud presenterer seg selv både som maskulin og feminin, eller på et høyere nivå, en syntese av den feminine og maskuline motpolen, en mer androgyn entitet.

Hadde dette vært mer åpent kjent og akseptert, ville vi kanskje ikke opplevd så klare definerte kjønnsroller og sjåvinisme gjennom vestens historie. Av denne grunn velger jeg å skrive "Han" når en referanse til "Gud" er nødvendig, da kun for å unngå språklige og poetiske vanskeligheter, ikke for å fremme det arkaiske og misvisende syn på Gud som mann.

TZIMTZUM

"Før alle ting ble skapt,
var det Guddommelige Lyset enkelt,
og det fylte all eksistens.

Det fantes intet Tomrom.

Da Hans enkle Vilje bestemte
å skape alle universer
sammentrakk Han lyset til sidene,
og skapte så et Tomrom.

Dette rommet var perfekt rundt.

Etter at sammentrekningen hadde funnet sted,
fantes det et sted der alle ting kunne bli skapt.

Han trakk så en enkelt, rett tråd
fra det Uendelige Lyset,
og brakte det inn i Tomrommet.

Det var igjennom denne linjen
det Uendelige Lyset
ble brakt ned."

-R. Isaac Luria (1534-1572)

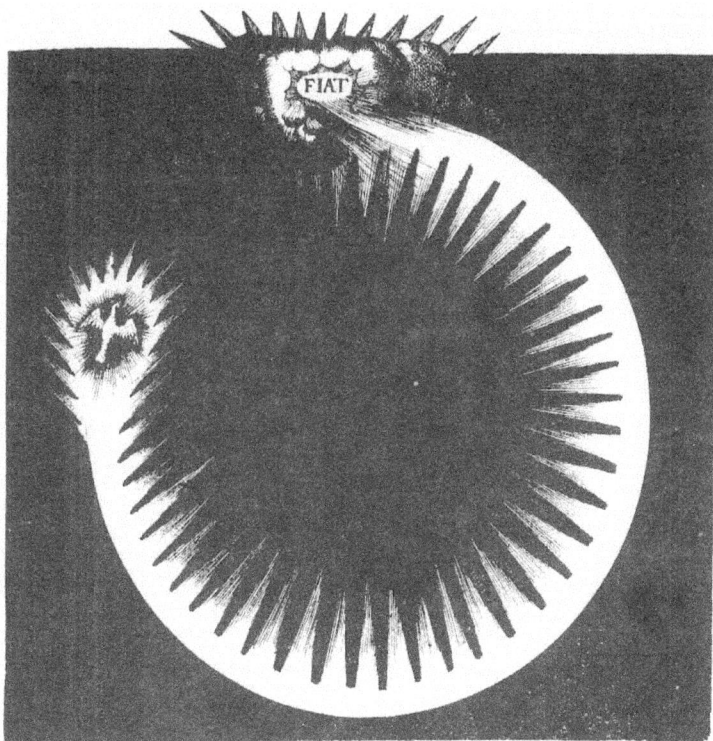

Ordets første Emanasjon

Robert Fludd "Utrisque cosmi ... Historia De Macrocosmi"
Oppenheim 1617. Stikket er av de Bry.

Tolkning Av Tzimtzum

Før alle ting ble skapt, var det Guddommelige Lyset enkelt, og det fylte all eksistens

Vi ser her at før skapelsen av den fysiske verden og dens lover om tid, rom, gravitasjon o.s.v finnes det kun én ting, et konsept, og det fyller alt. Det er alt. Å kalle det Gud er farlig, for det er et ord som har fått en svært avgrenset betydning i mange religioner, så la oss heller kalle det for "Altet", siden det ikke finnes noe annet så langt i prosessen.

"Altet" beskrives som uendelig lys, og som enkelt. Det hentyder på at det er rent, fullkomment og balansert; konflikt og kaos kan ikke oppstå i Altet, ettersom det ikke finnes to parter som kan stride mot hverandre.

Det fantes intet Tomrom

Siden Alt var én, og noe annet ikke kunne eksistere, var det heller ikke avstand mellom noe, fravær av noe, eller mangel på noe til fordel for noe annet. Et Tomrom var umulig.

Da Hans enkle Vilje bestemte å skape alle universer ...

Nå skjer noe dramatisk; Altet, som til nå har vært alt som noensinne var, og er, velger å bli. Hvorfor dette skjer er et av filosofiens store spørsmål, "hvorfor er verden til. Det finnes to teorier som dominerer innenfor den hermetiske kabbalismen.[12] Begge har sine styrker og svakheter, men kan uansett hjelpe studenten et steg nærmere forståelse.

1. At Altet ønsket å erfare og forstå seg selv. −Men siden det ikke var mulighet for et altomfattende vesen å være objektiv i forhold til seg selv, måtte det skape noe som ikke var seg selv. En motpol, eller et Tomrom.

2. At det ligger i Altets natur å skape, og at det derfor måtte skape noe som ikke var en del av seg selv for at noe selvstendig skulle kunne eksistere i det hele tatt.

Bibelen hevder at Gud har skapt oss i sitt bilde, og at vi derfor er av Ham. -Hvis vi ser på de mest grunnleggende elementene i vår natur, så finner vi der to egenskaper;

1. Nysgjerrigheten, søken etter å forstå oss selv, og verden rundt oss.

2. Skapertrangen, behovet for å skape noe nytt, og å forplante oss.

Studenten som interesserer seg for kabbalismens konsekvente diskriminering av alle utsagn og opplevelser, oppfordres til å grundig søke i seg selv for å godta eller avvise påstandene. Kabbalah er som sagt en muntlig tradisjon, og det er opp til den enkelte å finne ut hva som er korrekt for ham eller henne.

... SAMMENTRAKK HAN LYSET TIL SIDENE ...

---

12 Den hermetiske kabbalismen er en av de ikke-jødiske tradisjonene jeg vil beskrive senere.

Altet skaper så en begrensning av seg selv,

...OG SKAPTE SÅ ET TOMROM...

-Hvor Altet ikke er. En motpol til seg selv. Alt og Ingen-Ting.

...DETTE ROMMET VAR PERFEKT RUNDT.

Som en boble av Tomrom i et hav av Lys. Som en klode i et univers. -Den naturlige formen som masse påtar seg i vektløst rom er den av en kule, en sfære. Her finner vi muligens en antydning til at en av naturlovene har kommet til, nemlig tyngdekraft, som oppstår når fysisk materie er pakket sammen.

...ETTER AT SAMMENTREKNINGEN HADDE FUNNET STED...

Siden formuleringen "hadde funnet" blir brukt, altså en fortidsform, kan vi nå anta at Tid har begynt å eksistere.

...FANTES DET ET STED HVOR ALLE TING KUNNE BLI SKAPT.

Her brukes begrepet sted, som i rom.

HAN TRAKK SÅ EN ENKELT, RETT TRÅD FRA DET UENDELIGE LYSET ...

Altet, eller det Uendelige Lyset eksisterer altså enda, uavhengig av Tomrommet, og det trekker altså ut en del av seg selv, av ikke-Tomrommet.

Nå ser vi at en del av Altet plasseres i Tomrommet og atskilles fra seg selv. -I kabbalistiske, hermetiske og religiøse tekster forøvrig ser vi at "Lyset" ofte er et symbol på Gud, og at mennesket, som er av Gud, og derfor av samme natur som Gud, blir fremstilt som "Den Guddommelige Gnist". Velger vi å se på denne tråden som blir fanget i Tomrommet som den Guddommelige Gnisten, og som et symbol på mennesket selv,[13] eller dets bevissthet, kan vi danne oss følgende bilde:

Altet, som var Alt.

Ut av sin skapernatur, eller sitt ønske om selvforståelse, skaper et Tomrom, hvor noe annet kan bli skapt, som ikke er helt og fullkomment.

Her plasserer Altet en del av seg selv, en gnist av lyset, som da også har den samme skapertrangen og ønsket om å forstå seg selv, men som ikke lenger er en del av en større og fullkommen helhet.

Det eneste gnisten kan gjøre, er å strebe etter selverkjennelse og å skape, mens det er bunnet fast av tre lovmessigheter: Tid, Rom og Materie.

Disse lovene holder den guddommelige Gnisten fastlåst i den fysiske verden, og hindrer den fra å kollapse, samtidig som den opprettholder den.

Det var igjennom denne linjen at det Uendelige Lyset ble brakt ned."

Slik ble alt til, ifølge Isaac Luria.

---

13 Illustrasjonen er hentet fra den kristne kabbalisten Robert Fludds "Utrisque cosmi ... Historia De Macrocosmi", Oppenheim 1617. Selve bildet er laget av de Bry.

Edens Hage og Adam Kadmon

Vi skal fortsette å studere Mosebøkene fra en kabbalistisk vinkling, og fokusere nærmere på Edens Hage, hvor mennesket gjør sin første inntreden i bibelhistorien, -en av de mest omstridte passasjene vi finner i Bibelen når det gjelder konfrontasjonen mellom religion og rasjonalitet. Mens mange hevder at Adam og Eva faktisk var de første menneskene som vandret på jorden, strider dette mot evolusjonslæren som Darwin la frem for første gang i sin "Artenes Opprinnelse." Kirken reagerte voldsomt på denne boken, som hevdet at mennesket ikke var en egen art, men stammet fra apene.

Det er ikke kabbalismens hensikt å prøve å forene de to teoriene på noen måte, eller foreta noen preferanse mellom dem; derimot gir den kabbalistiske tolkningstradisjonen mulighet for å se beretningen om Edens Hage i et helt annet lys;

La oss se hva Bibelen[14] forteller om tiden i Eden;

> OG HERREN GUD FORMET MANNEN AV JORD FRA MARKEN OG BLÅSTE LIVSPUST INN I HANS NESE, SÅ MANNEN BLE TIL EN LEVENDE SKAPNING.

Fra "Tzimtzum" så vi at Kabbalistene ser Kosmos som en refleksjon av Gud, og at skaperverket har samme egenskaper som Skaperen selv. Her ser vi at Mennesket formes av jorden, fylles av Guds ånd, og arver igjen disse hellige, og evige egenskaper.

---

14 Norsk Bibelselskap "Den Norske Oversettelsen '97"

HERREN GUD PLANTET EN HAGE I EDEN, ET STED I
ØST. DER SATTE HAN MANNEN HAN HADDE FORMET.
OG HERREN GUD LOT ALLE SLAGS TRÆR VOKSE OPP AV
JORDEN, HERLIGE Å SE PÅ OG GODE Å SPISE AV, OG MIDT I
HAGEN LIVETS TRE...

Her nevnes for første gang Livets Tre, som utdypes i Del 3 av
denne boken.

...OG TREET SOM GIR KUNNSKAP OM GODT OG ONDT.

Kunnskapens tre blir ofte fremstilt i den vestlige tradisjonen som
et tre med en splittet stamme, den ene delen ofte hvit mens da
den andre sort. –Det blir gjort til et viktig symbol over dualiteten
i tilværelsen; Godt og Ondt, Lys og Mørke, det Indre og det Ytre,
Mann og Kvinne.

SÅ TOK HERREN GUD MANNEN OG SATTE HAM I EDEN TIL
Å DYRKE OG PASSE HAGEN.

Begrepet som brukes her i stedet for *mann* i den kabbalistiske
tradisjonen, er *Adam Kadmon*.[15]
Adam er ikke mannlig i ordets kjønnslige forstand, men heller et
ukjønnslig menneske, som er laget i Guds billede, og rent, udelt
og helhetlig, som Gud selv.

OG HERREN GUD GAV MANNEN DETTE PÅBUD: "DU KAN
SPISE AV ALLE TRÆRNE I HAGEN...

Gud gir Adam Kadmon hele skaperverket å høste og lære av.

---

15 Heb: "Den opprinnelige Mannen"

Gud lar altså Adam, som er av Gud og som bærer Guds tanke og bevissthet i seg, vandre rundt i en hage som også er av Gud, men da også av Adam selv, for så å betrakte, i sin enfoldighet, alle sine indre egenskaper rundt seg, i form av Edens skikkelse.

MEN TREET SOM GIR KUNNSKAP OM GODT OG ONDT, MÅ DU IKKE SPISE AV; FOR DEN DAGEN DU SPISER AV DET, SKAL DU DØ".

Gud forteller Adam at om han tilegner seg kunnskapen om verdens underliggende dualitet, så skal han dø.

DA SA HERREN GUD: «DET ER IKKE GODT FOR MANNEN Å VÆRE ALENE. JEG VIL GI HAM EN HJELPER SOM ER HANS LIKE.» OG HERREN GUD TOK JORD OG FORMET ALLE DYRENE PÅ MARKEN OG ALLE FUGLENE UNDER HIMMELEN, OG HAN FØRTE DEM TIL MANNEN FOR Å SE HVA HAN VILLE KALLE DEM. DET NAVNET MANNEN GAV HVER LEVENDE SKAPNING, DET SKULLE DEN HA. SÅ SATTE MANNEN NAVN PÅ ALT FEET, ALLE FUGLENE UNDER HIMMELEN OG ALLE VILLE DYR I MARKEN. MEN FOR SEG SELV FANT MANNEN INGEN HJELPER SOM VAR HANS LIKE.

Vi ser her at Adam føler et savn; han finner en mangel i sin tilværelse. Tradisjonen vil ha det til at dette er noe av det samme savnet som fikk Tzimtzum til å inntreffe i utgangspunktet; Adam finner ikke sin like hos noe annet i skaperverket, og kan derfor heller ikke sammenligne seg selv med noe likestilt. I *Tzimtzum* er dette representert med trangen som oppstår i tomrommet til å fylles med lys fra opphavet. -Som det står skrevet i Rosenkreuzerenes første Manifest: *Nequaquam Vacuum*, det kan ikke finnes et Tomrom.

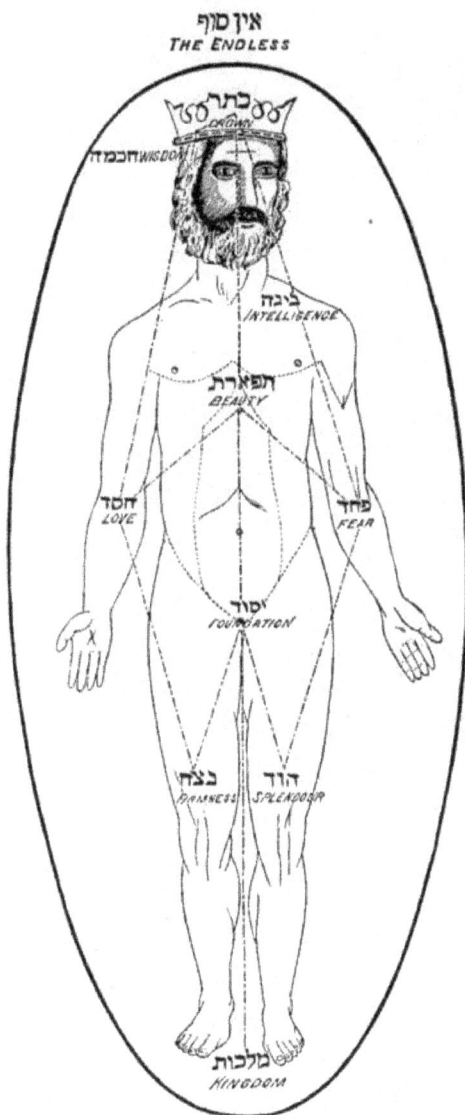

אין סוף
THE ENDLESS

כתר CROWN

חכמה WISDOM

בינה INTELLIGENCE

תפארת BEAUTY

חסד LOVE

פחד FEAR

יסוד FOUNDATION

נצח SPLENDOUR הוד DARKNESS

מלכות KINGDOM

Adam Kadmon fra "Qabbalah" av Isaac Myer, 1888
Legg merke til Livets Tre plassert over kroppen.

DA LOT HERREN GUD EN DYP SØVN KOMME OVER MANNEN. OG MENS HAN SOV, TOK HAN ET AV HANS RIBBEN OG FYLTE IGJEN MED KJØTT. AV DET RIBBENET HERREN GUD HADDE TATT FRA MANNEN, BYGDE HAN EN KVINNE, OG HAN FØRTE HENNE BORT TIL HAM.

Vi får her fortalt av Kvinnen skapes ut av en del av Mannen som han mister for alltid. Her ligger begravd en av Tradisjonens forklaringer på hvorfor mann og kvinne dras mot hverandre; Mannen søker seg selv i Kvinnen, og Kvinnen søker seg selv i Mannen.

DA SA MANNEN: «DETTE ER DA BEN AV MINE BEN OG KJØTT AV MITT KJØTT. HUN SKAL KALLES KVINNE, FOR AV MANNEN ER HUN TATT.» DERFOR SKAL MANNEN FORLATE SIN FAR OG SIN MOR OG HOLDE SEG TIL SIN HUSTRU, OG DE TO SKAL VÆRE ETT.

Nå betegnes ikke mannen lengre som Adam Kadmon, men kun *Adam*, dog er de to menneskene ett, to sider av samme vesen som kan speile seg i hverandre..

De var nakne, både mannen og hans hustru, men de skammet seg ikke.

Her er menneskene som barn, uskyldige og rene, de kjenner ikke godt og ondt, og ser ikke på hverandre som forskjellige, men lever i fred og harmoni i Eden.

SYNDEFALLET

Syndefallet er en av de mest omstridte og diskuterte passasjene i Bibelen. Den gjengse teologien hevder at det er på grunn av Adams synd, fremprovosert av Eva, som igjen var lurt av slangen, at mennesket blir født syndig og må leve i evig fornedrelse. Denne forståelsen av arvesynden blir sett på som meningsløs i kabbalismen, som kan gi historien en helt annen betydning med sin symboltolkning. Her blir ikke syndefallet nødvendigvis sett på som en fordums onde, men snarere som en sjelelig og kognitiv feil som har oppstått i alle mennesker og vesner, og som fortsetter å vedvare, om man ikke tar grep om den.

En av de sentrale skikkelsene vi møter her er Slangen, som frister Eva til å spise av Kunnskapens Tre. Slangen har i mange kulturer blitt sett på som et symbol på intellektet, skepsis, søken og ønsket etter erkjennelse. Vi finner den også i Gnostisismen[16], der kalt Ouroborus, og ofte fremstilt som en gunstig oppvåkning i mennesket, som egger det til å strekke seg etter den bakomliggende sannheten i Altet.

SLANGEN VAR LISTIGERE ENN ALLE VILLE DYR SOM HERREN GUD HADDE SKAPT. DEN SA TIL KVINNEN: «HAR GUD VIRKELIG SAGT AT DERE IKKE SKAL SPISE AV NOE TRE I HAGEN?» KVINNEN SVARTE SLANGEN: «VI KAN GODT SPISE AV FRUKTEN PÅ TRÆRNE I HAGEN. BARE OM FRUKTEN PÅ DET TREET SOM STÅR MIDT I HAGEN, HAR GUD SAGT: DEN MÅ DERE IKKE SPISE AV OG IKKE RØRE;

---

16 For en innføring i Sethiansk tanke rundt syndefallet, se *Nøkkelen: Sethiansk gnostisisme i praksis* av Rune Ødegaard, Krystiania Forlag.

ELLERS SKAL DERE DØ!» DA SA SLANGEN TIL KVINNEN: «DERE KOMMER SLETT IKKE TIL Å DØ! MEN GUD VET AT DEN DAGEN DERE SPISER AV FRUKTEN, VIL DERES ØYNE BLI ÅPNET; DERE VIL BLI SOM GUD OG KJENNE GODT OG ONDT.» NÅ FIKK KVINNEN SE AT TREET VAR GODT Å SPISE AV OG HERLIG Å SE PÅ - ET PREKTIG TRE, SIDEN DET KUNNE GI FORSTAND. SÅ TOK HUN AV FRUKTEN OG SPISTE. HUN GAV OGSÅ MANNEN SIN, SOM VAR MED HENNE, OG HAN SPISTE. DA BLE DERES ØYNE ÅPNET, OG DE MERKET AT DE VAR NAKNE. SÅ FLETTET DE SAMMEN FIKENBLAD OG BANDT DEM OM LIVET.

Nå er ikke menneskene enfoldige og barnlige lenger, men har fått fri vilje. Man kan si at ved denne handlingen har de gått fra å være viljesløse, uselviske og sovende mennesker i den paradisiske drøm, til å bli Mennesker. Dette er prisen for å kjenne godt og ondt: man må alltid velge mellom dem.

Et glimt av den samme oppvåkningen kan man se hos barn, i det de går fra kun å fokusere på omverdenen, til å vende blikket innover og få en identitetsfølelse, da de tar steget fra å si "Joachim vil ha melk" til å si "Jeg vil ha melk". Det er i samme stund at barnet begynner å bli våkent nok til å se resultatet av sine egne handlinger, og føle skam når det gjør noe det har blitt opplært til å se på som "galt". Denne hemmende og selvkrenkende følelsen som vokser ut av å våkne fra uskyldigheten, og inn i selvet:

DA HØRTE DE HERREN GUD SOM VANDRET I HAGEN I DEN SVALE KVELDSVINDEN. OG ADAM OG HANS HUSTRU GJEMTE SEG FOR HAM MELLOM TRÆRNE I HAGEN.

Her oppstår, fra mennesket selv, og hverken fra gud eller slangen, den bristen i den menneskelige tanke som kabbalismen vil påvise for den søkende, for å kunne bøte på den:

Oppvåkningen fra barnets drøm er en naturlig utfoldelse av Adam Kadmons tilblivelse; men umiddelbart etter denne frigjørelsen, skjærer mennesket seg et sår for hjertet som sykeliggjør det, og som vedvarer å ramme alle dets barn: tomheten som alltid følger en slik løsrivelse fylles ikke av lys, men av skam. I usikkerheten av å stå på egne ben for første gang, hvor hjertets lover ikke skrives av faderen, frykter mennesket sin egen frigjøring så sterkt at det vil skjule det for sitt opphav og sin første Tanke: men den som rømmer fra sine handlinger, rømmer man også fra seg selv. Og den som løper lenge nok vil vanskelig finne tilbake.

MEN HERREN GUD ROPTE PÅ ADAM OG SA TIL HAM: «HVOR ER DU?»

HAN SVARTE: «JEG HØRTE DEG I HAGEN. DA BLE JEG REDD FORDI JEG VAR NAKEN, OG JEG GJEMTE MEG.»

DA SA HAN: « HVEM HAR SAGT DEG AT DU ER NAKEN? HAR DU SPIST AV DET TREET JEG FORBØD DEG Å SPISE AV?»

ADAM SVARTE: «KVINNEN SOM DU HAR SATT TIL Å VÆRE HOS MEG, HUN GAV MEG AV TREET, OG JEG SPISTE.»

HERREN GUD SA TIL KVINNEN: «HVA ER DET DU HAR GJORT?»

KVINNEN SVARTE: «SLANGEN LOKKET MEG, OG JEG SPISTE.»

DA SA HERREN GUD TIL SLANGEN: «FORDI DU GJORDE DETTE, SKAL DU VÆRE FORBANNET FRAMFOR ALT FE OG ALLE VILLE DYR. PÅ BUKEN SKAL DU KRYPE, OG MOLD SKAL DU ETE ALLE DINE DAGER. JEG VIL SETTE FIENDSKAP MELLOM DEG OG KVINNEN, MELLOM DITT AVKOM OG HENNES ÆTT.

DEN SKAL KNUSE DITT HODE, MEN DU SKAL HOGGE DEN
I HÆLEN.»

Slangen blir med dette, som symbol for menneskets forstand og
kritiske tenkning, utstøtt av overmakten og bundet til jorden,
hvor den ligger kveilet, men klar til å reise seg.

TIL KVINNEN SA HAN: «STOR VIL JEG GJØRE DIN MØYE
SÅ OFTE DU ER MED BARN; MED SMERTE SKAL DU FØDE.
DIN LYST SKAL STÅ TIL DIN MANN, OG HAN SKAL RÅDE
OVER DEG.»

Eva, som tegn på det jordslige aspektet av Adam Kadmon,
trellgjort og tvunget til materiell armod.

OG TIL ADAM SA HAN: «FORDI DU HØRTE PÅ
DIN HUSTRU OG ÅT AV TREET SOM JEG FORBØD
DEG Å ETE AV, SKAL JORDEN FOR DIN SKYLD VÆRE
FORBANNET. MED MØYE SKAL DU NÆRE DEG AV DEN
ALLE DINE LEVEDAGER. TORN OG TISTEL SKAL
DEN BÆRE, OG DU SKAL ETE AV MARKENS VEKSTER.
MED SVETTE I ANSIKTET SKAL DU ETE DITT BRØD, INNTIL
DU VENDER TILBAKE TIL JORDEN; FOR AV DEN ER DU
TATT. AV JORD ER DU, OG TIL JORD SKAL DU BLI.»

Adam blir også jordsliggjort, og satt til å ha sitt virke i materien.
Men den jord han skal vende tilbake til, er ikke det materielle
støvet, men den *Adamiske jorden,* den første guddommelige
substans som Gud skapte ham utav.

ADAM KALTE SIN HUSTRU EVA, FOR HUN BLE MOR TIL
ALLE SOM LEVER. HERREN GUD LAGET KLÆR AV SKINN

TIL ADAM OG HANS HUSTRU OG KLEDDE DEM MED. HERREN GUD SA: «NÅ ER MENNESKET BLITT SOM EN AV OSS OG KJENNER GODT OG ONDT. BARE DET NÅ IKKE STREKKER HÅNDEN UT OG TAR AV LIVSTREET OGSÅ OG SPISER OG LEVER EVIG!»

Mennesket, som nå har blitt emansipert fra sin første søvn, kan skjelne mellom godt og ondt, har nå tatt sitt første steg imot å bli fullkommengjort, det har vunnet sin frie vilje.

SÅ VISTE HERREN GUD DEM UT AV HAGEN I EDEN OG SATTE DEM TIL Å DYRKE JORDEN, SOM DE VAR TATT AV. HAN JAGET MENNESKENE UT; OG ØST FOR HAGEN SATTE HAN KJERUBENE OG DET FLAMMENDE SVERD SOM SVINGET FRAM OG TILBAKE. DE SKULLE VOKTE VEIEN TIL LIVETS TRE.

Etter dette lever Adam i en jordlig tilstand; arbeidende på den Adamiske Jorden i seg selv: ved dennes rektifisering og fullbyrdelse skal han bli i stand til å passere sin siste og kommende terskel: å kunne tre inn og ut av Edens Hage slik han ønsker det: Å spise av Livets Tre og atter en gang bli ett med Gud.

Selve spørsmålet om Adams og Evas oppvåkning, og hvorvidt det er en tragedie, komedie, eller nødvendighet, er omstridt i kabbalistiske kretser. Jødisk-kristne kabbalistene enes ofte om at Adam syndet mot Gud ved å bruke sin frie vilje til å handle mot loven, mens hermetiske kabbalister og gnostikere isteden hevder at syndsbegrepet entern er misforstått eller til og med menneskefiendtlig, tolker historien som allegorisk, men ikke moralsk.

I disse tolkningstradisjonene leses denne bibelske hendelsen som et sinnbilde. Historien forteller da, at i vår tilblivelse i tidsrommet fra fødsel til tidlig pubert, formes vårt selvbilde og vår selvforståelse på en skjev og feilaktig måte.

Gjennom vår kultur, vår oppdragelse og vårt eget åndelige sår, utsettes og preges vi av våre omgivelser, foreldre og fremfor alt av oss selv, for et press til å opprettholde en sinnlig tilstand, hvor vi aksepterer det gitte, synlige, selvfølgelige som det virkelige.

Det er en tofoldig lidelse; virkelighetsoppfatning blir et trosspørsmål, samtidig som vår sinnlige erfaringshorisont innskrenkes og forsegles av en tiltro til sansenes skyggespill.

Tilværelsen, og menneskesjelen oppleves som et knust speil, som fragmenterer vårt selvbilde og vårt sinn i utallige biter, som reflekterer tilfeldige bilder stykkevis for oss, fremfor å la oss se oss selv klart og helt.

Dette brudte sinnet, som vi selv velger å forsømme, er den kognitive og åndelige lidelse som opprettholder menneskets fallne tilstand, hvor Adam og Eva holdes adskilt fra hverandre, og vedholder sitt splittede og dualistiske verdensbilde, hvor alt er adskillt fra hverandre i harde kategoriseringer som:
meg/deg, Gud/Menneske, godt/ondt, mann/kvinne , subjekt/objekt, indre/yttre, ren/uren og så videre.

Kabblismens mål er å sette den søkende i stand til selv å finne ut av hvor dette fallet har sitt opphav, enten det seg være et brudt speil, eller et forduggset øye, og deretter lege skaden ved å gjenopprette det Første Mennesket i seg selv.

Denne åndelige prosessen søker å fjerne sløret mellom

mennesket og det Evige, slik at vi kan erkjenne skaperverket som en enhet, hvor dualiteter er en illusjon, skapt av øyet som ser.

Kabbalisten arbeider med hele sitt selv, for å fjerne splinten fra sitt øye, lege såret i sitt hjerte, for å vekke sin sovende ånd.

Dette innprentede savn i mennesket etter å frigjøres fra de slavesjaklene det pålegger seg i sin 'fallne' tilstand, er i tradisjonen betegnet som en lengselens ild som ligger forvart i den Adamiske Jorden, og venter på å blusse opp, for så å brenne båndene som hindrer det fra å tre ut av sin faste form, og inn i et indre paradis.

Denne tilstanden av opplysning, betegnes som en ned- eller fremstigning av det indre lyset i mennesket, og en avkledning av den 'Gamle Adam': en tilstand vi uten blygsel kan ligne med østens Samahdi eller Nirvana.

Mystikeren Louis-Claude de Saint-Martin, formulerte denne fullbyrdelsen ved ordene: "Gud er et fast paradis, Mennesket burde være et paradis i bevegelse."

Hvordan skal dette skje? Tradisjonen forteller at Adam i sin forvisning får en åpenbaring. I dyp søvn kommer engelen Raziel til ham, hvis navn betyr Guds Hemmeligheter, og vekker i ham erindringen om den kunnskap og visdom han forpaktet som sin egen i paradis. Raziel hvisker til Adam de ord som får ham til å reise seg og legge ut på en vandring tilbake til det sted hvor han ble skapt, med dét for øye å fravriste det svar.

Det Adam så erkjenner, ønsker han å lære sine sønner Abel og Kain, men de vender seg begge bort fra ham i deres blinde forsøk på å tekkes den Gud som de frykter og skammer seg for.

Da Kain dreper sin bror, ut av sjalusi, går Adam til sin sønn Seth, og overleverer til ham de hemmelige nøkklene for å tolke sin egen tilblivelses historie: den Hellige Kabbalah, *Det som er blitt mottatt*.

Seth forsvinner fra de troendes slekter, og vokter heller sin egen ætt; Kain og Abels slekter sørger over tapet av kunnskapen.

Men som tradisjonen forteller: *det kan ikke finnes et tomrom*: Når tiden er inne, kommer Raziel til den søkende, og hvisker ham i øret de ord han har glemt.

To ganger til skulle læren komme til jødene, Enoch[17] mottok den av engelene, men nok en gang gikk læren tapt, frem til Moses steg opp på fjellet Sinai, for å motta de ti bud.

Tradisjonen forteller at de ti bud, var lover for folket, slik at de ikke skulle tape hele sin verdighet, men dem som søkte seg selv, ble gitt de ord som var skrevet på tavlene Moses knuste første gangen han steg ned igjen på den Adamiske Jorden fra Sinai. *Det som ble mottatt.*

---

17 Enoch er en kjent Jødisk profet, hvis bok ikke er en del av Det Gamle Testamentet, da den regnes som en apokryf tekst. 1500-talls kabbalistene Dr. John Dee og Edward Kelly, skal ha klart å oppnå kontakt med de samme englene som åpenbarte seg for Enoch. Deres nedtegnelser finnes i bokform (se bibliografi), og det språket englene skal ha kommunisert med fikk navnet "Enochiansk".

KABBALISMENS FAKTISKE HISTORIE

Innen jødedommen, som i alle religioner, har det alltid eksistert mystisisme. Forskjellige tradisjoner med sine egne filosofier og metoder for å få en dypere forståelse av de hellige tekstene, og for å forene seg med Gud.

Den mest kjente av de eldre tradisjonene het Merkavah[18], og gikk ut på å synke ned i seg selv, for å i stillhet finne sin innerste identitet og derfra stige opp igjennom en serie med ikke-fysiske plan, for til slutt å skue Gud ansikt til ansikt, slik profeten Esekiel gjør i bibelen. Denne tradisjonen regnes i dag dessverre for død, men fragmenter av den finnes fremdeles, og kan gjenkjennes i moderne kabbalisme, som alikevel er en helt egen tradisjon.

Dette tilsier at kabbalismen er en del år yngre, noe som er sant, ettersom det rent historisk sett ikke finnes noen bevis for den utbredte oppfattningen at det finnes en genuin og ubrutt overlevering av kabbalistisk lære fra Moses, og frem til i dag.

Derimot er det ikke umulig å spore en utvikling av en mysterietradisjon tilbake til jødiske mysteriekretser som blomstret i tiden rundt det Andre Tempel i Jerusalem, ca. år 500 f.v.t., og som kun var forbeholdt yppersteprestene. En slik tradisjon har utvilsomt vært under påvirkning av flere forskjellige kulturer, samt undergått forandringer for hvert slektsledd det passerte, ettersom det skulle ta flere hundre år før den første kabbalistiske teksten ble nedskrevet.

---

18 Heb: Vogn

En slik påvirkning, som påvises av flere jødiske historikere er at under jødenes fangenskap i Babylon, adopterte den semittiske kulturen deler av den kaledeiske folketro og dogme. I denne smeltedigelen levde en mystisk religionsfortolkning og filosofi som førte til dannelsen av en jødisk tradisjon som Merkavah og senere kabbalismen.

Ettersom denne læren høyst sannsynligvis var en utelukkende oral tradisjon, kan den på mange måter betegnes som kabbalah, som jo betyr muntlig overlevering. To andre viktige influenser er utvilsom både egyptisk og gresk kultur, som jødene også ble eksponer for, både i sitt fangenskap i Egypt, og senere den øvrige handels og kulturutvekslingen som foregikk i middelhavet.

En slik kulturell artifakt finner vi i fremstilling av Kjerubene, vokterne over paktkisten. Disse har klare likhetstrekk med både babylonske og egyptiske motiver.

Egypt var en kulturens vugge og midtpunkt. Hit valfartet alle lærde for å berike sin kunnskap og sin innsikt. Her steg Moses og Josef frem som profeter og sannsigere, Petolemaus beskrev himmelhvelvet og verdens første bibliotek ble reist.

SYNKRETISMEN I ALEXANDRIA

Allerede i år 300 f.v.t eksisterte det greske kolonier i Nordafrika og Egypt, som på det tidspunktet ikke lenger var den storslåtte nasjonen som reiste pyramidene, men hadde siden 525 f.v.t vært underlagt et persisk styre. Da den makedonske hærføreren Alexander den Store inntok Egypt i 332 f.v.t. ble han hyllet av befolkningen som en stor frigjører, og opprettet året etterpå byen Alexandria til hans ære. Han døde imidlertid åtte år senere, i 328 f.v.t. og fordelte da sitt enorme rike blant sine generaler. Den ene av dem, grekeren Ptolemeios, fikk ansvaret for Egypt, og startet dermed et dynasti fra seg selv som skulle vare helt frem til Kleopatra, hans etterkommer som døde i år 30 f.v.t. Hun tok selvmord da hennes egen flåte, og den til opprøren Marcus Antonius bles senket av romeren Octavian, Julius Cæsars adoptivsønn. Etter dette fungerte Egypt som Romas kornlager i tre og et halvt århundre.

Men i Alexandria skulle det under det greske velferdsstyre skje en fantastisk oppblomstring av kunst, kultur og vitenskap: Ptolemeios grunnla det berømte Museidon[19], eller Alexandrias store bibliotek mellom årene 390 og 200 f.v.t. Dette var en enorm anstalt, som ikke bare huset over 500.000 forskjellige papyri og tekster, men også flere teatre, private studierom, kontorer og en vakker spisesal for de som var ansatt der. -Disse privilegerte lærde som kom fra alle verdenshjørner, også Israel, fikk store lønninger, hus, tjenerskap og ikke minst så var de fritatt fra all skatt. Biblioteket vokste seg så stort av den enkle grunn at Ptolemeios fikk i verk en lov som sa at alle skip som ankom

---

19 Gr. "Til Ære for Mûsene", opphav til ordet Museum.

Alexandria skulle gjennomsøkes for dokumenter av interesse, og hvis et slikt ble funnet skulle det tas dirkete til biblioteket, hvor det ble laget en kopi som eieren fikk. Originalen ble lagt i bibliotekets forvaring.

Museidon ble et sentrum for en fantastisk synkretisme, en tilstand da forskjellige kulturer levde i pakt med hverandre, og hvor alle jobbet sammen for å utvikle samfunnet. Jøder var ikke uglesett og var ikke henvist til gettoer slik vi ser senere i historien, men besatt viktige statlige posisjoner, og hadde egne synagoger i et hav av andre religioner som alle sameksisterte og utvekslet tanker og filosofier seg imellom. Mest utbredt av de egyptiske mysterienreligionene var nok Isis-Kulten, som tilba den egyptiske guden Osisris' make. Store templer ble reist til ære for de forskjellige gudene innen det egyptiske panteon, og det er vanskelig å forestille seg at jødedommen kan ha blitt totalt upåvirket av dette, og den økende greske influensen som ellers rådet der.

Den jødiske bosetningen i Egypt ble til slutt så fremmed fra sitt opphav, at hebraisk ikke lenger fungerte som primærspråk, men var blitt erstattet av gresk. Dette førte igjen til at Tanakh, eller det Gamle Testamentet som vi kaller det, måtte bli oversatt til gresk for at de alexandriske jødene i det hele tatt skulle kunne lese det.

Mange tror i dag at biblioteket brant til grunne når Romerne kom til makten, men dette er ikke korrekt. Det stemmer at ca. 70.000 tekster gikk opp i røyk, men nesten alle disse ble erstattet fra et av de mindre bibliotekene som fantes i Alexandria. Museidon derimot, ble under Romerne gjort mer verdslig, og det fikk en status lik et moderne universitet, og det ble ikke lenger holdt religiøse feiringer der. De store tapene biblioteket led var et

"The Great Library of Alexandria."
O. Von Corven

resultat av persiske krigstog, og kristne fanatikere som hevdet at biblioteket var hedensk.

Som ikke disse herjingene var nok, og at Museidon til slutt kollapset som institusjon, satte flere kristne inn nådestøtet mot Alexandrias kulturelle paradis, når de i 391 e.v.t. ødela det mindre biblioteket, og det tilhørende Templet viet til Serapis, en greko-egyptisk Gud. Dette må utvilsomt ha vært en av de største katastrofene rent kulturelt som har forekommet i den vestlige verden. Dette, sammen med romerrikets fall, markerer inngangen til middelalderen, da kirkens patriarkalske og nådeløse styre kastet et stort mørke over all vitenskap og filosofi som Vatikanet ikke gikk god for.

Alexandria opphørte sin posisjon som kulturell smeltedigel, hvor vi ikke bare fant representanter for den vestlige, gresktalende verden, men også persere, tyrkere, arabere, sicilianere, chartageere, frankere, italienere, spanjoler, gallere, og den største ansamling av jøder utenfor Israel. Biblioteket reflekterte dette mangfoldet, og innholdt et bredt spekter av litteratur, fra kirkefedre, gnostikere, greske filosofer, jødiske verk, egyptiske tekster, samt teologiske og vitenskaplige verk fra den arabiske verden. Mesteparten dette gikk tapt, og skulle forsvinne fra den vestlige verdens overflate i nesten tusen år.

Jødene, som tidligere hadde hatt større sosial anseelse i Alexandria en mange andre innvandrede folkeslag, opplevde etter hvert en større motstand og økende antisemetisme fra det romerske styret, og sammen med en økende serie med kampanjer mot Israel selv, markerte dette et vendepunkt for dem.

Etter hvert ble det jødiske samfunnet i Alexandria, som hadde sine plasser ved det Ptolemeiske dynastiets hoff, sine egne rettssaler, og store befolkningssenter, nesten utryddet.

Utvilsomt er det derimot at jødiske filosofer og rabbinere høstet rikelig av de mange impulsene og strømninger som fantes i Alexandria, og bar disse fruktene med seg videre for å implementere dem i sin egen tenkning.

VEIEN TIL EUROPA

I 410 e.v.t var Romerrikets fall et faktum. Det en gang så mektige riket var splittet i to fraksjoner, og måtte forsvare seg mot økende angrep fra forskjellige folkeslag. Samtidig var det en ny makt som skulle spre seg over verden; Islam.

I motsetning til kristendommen, som begynte på en mektig militær offensiv mot alle øvrige religioner da den hadde blitt gjort til statsreligion i romerriket, har islam igjennom historien hatt en svært liberal holdning til innbyggernes religiøse overbevisning i de områdene hvor islamsk styre ble innført.

Denne frisinnede innstillingen gjennomtrenger mye av islam generelt, og etter hvert som den arabiske verden vokste til å dekke ikke bare Midtøsten, men også store deler av Nordafrika og Europa, etablerte de store hærførerne både hospitaler, biblioteker og skoler der de slo rot, samtidig som kristne korsfarere nådeløst slaktet ned kvinner og barn og brant bøker.

Av denne årsaken fant mange store tenkere og bevegelser en trygg havn innenfor islams grenser, og da keiser Justinian stengte det Platonske Akademi i 529, dro mange av vestens filosofer og vitenskapsmenn østover. Jødene ble etter hvert fordrevet fra sitt hjemland, og bosatte seg over hele verden. Store bosetninger dannet seg i Europa og den islamske verden, og tok med seg sine lærde, og sine tekster.

Jødiske skoler og læresenter ble etablert over hele den vestlige verden, og jødedommens sterke overbevisning om at man ikke skal gifte seg ut av religionen, førte med seg en kontinuitet både rase- og kulturmessig. -Dette at jødene ikke forente seg med lokalinnbyggerne i de landene de kom til, førte også til frykt, fordommer og rasehets.

I 732 hadde arabiske hærskarer krysset Pyreneene og nådd så langt inn i Frankrike som Bordeaux. Til sist, etter seks dagers strid mot frankerkongen Charles Martel, ble de slått ved Poitier, og i løpet av de neste 25 årene ble de tvunget tilbake over fjellene og inn i Spania.

Sørspania var allerede under et islamsk styre, som umiddelbart underkastet seg det kommende kalifatet som hadde sin hovedstad i Baghdad. Med sin nye hovedstad i Cordoba, var altså det arabiske Spania geografisk adskilt fra resten av den islamske verden.

Denne isolasjonen var en selvfølgelig årsak til at Spania ble utsatt for flere angrep fra den kristne verden, og i 778 under Charles Martels' barnebarns ledelse krysset den kommende Romerske Keiseren Charlemagne Pyreneene og beleiret Saragossa. Beleiringen feilet, og den kristne hæren ble tvunget tilbake over fjellene. Et kvart århundre etter dette derimot, tok Charlemagnes sønn, Luis makten over Barcelona, som kom til å bli en utpost, en judaeo-kristen sammensmeltning på østkysten av det muslimske Spania, regjert av de Barcelonske hertugene i 300 år.

På 800-tallet opplevde den arabiske verden store omveltninger, men trass i dette blomstret det islamske Spania, ettersom nye jordbruksteknikker ble innført og skolegang var åpent for alle. Poesien ble spesielt utbredt her, en tradisjon som i islam settes like høyt som hos de keltiske bardene. Dette spredte seg videre over Pyreneene, og inn i Frankrike, hvor trubadurene ble til, og reiste videre over det Europeiske kontinent. Bøker ble importert fra Baghdad, og snart ble det reist et bibliotek i Cordoba som skulle holde 400.000 verk, og som hurtig ble de lærdes sentrum i vesten. Europas første universitet ble bygd, i form av en massiv moské, hvor bøker kontinuerlig ble oversatt til og fra arabisk, for å i møtekomme kravene til den økende skaren av vitenskapsmenn, filosofer og mystikere som strømmet til Cordoba. Oversetterne var ansett som svært viktige personer for samfunnet, og bestod av et utall menn og kvinner som behandlet tema som poesi, matematikk, astronomi, astrologi, medisin, alkymi, botanikk, historie, musikk, filosofi og teologi.

Bortsett fra dem som var i direkte militær opposisjon mot islam, var kristne velkomne, og ble behandlet med respekt og frisinnethet. Likeledes ble jøder, og etter hvert ble det reist både kirker og synagoger, kloster og religiøse skoler der.

KABBALAH

Dette Nye Alexandria fortsatte sin oppblomstring frem til 1085 da Toledo falt for det kristne fremtog og kuliminerte den andre februar 1492, som markerte slutten på 781 år med islamsk styre, en periode som har satt sitt tydelige preg, ikke bare på Sørspania, men på hele sentraleuropa, men det er en annen historie.

Begynnelsen på det andre årtusen var som alle til alle tider, preget av voldsomme endringer i både geografiske såvel som politiske og religiøse. Kabbalismens historiske sentrum flytter seg over pyrineene og inn i sørfrankrike, som foreløpig var relativt uberørt av alt fra korstog til kriger mellom småkonger.

Områdene rundt Provence opplevde i motsettning til nordfrankrike å besitte selvråderett fra både frankerkongen og pavemakten, og ble dermed et refugium for lærde av alle slag og religiøse minoriteter. Her var det stor aktivitet i de jødiske kretsene, og det var en god del jøder som hadde tilegnet seg en høyere samfunnstatus. Videre var det her gode handelsforbindelser til det nå mer stabile nordspania, og det var i kjølvannet av denne handels- og kulturruten at Kabbalah ble skapt.

I synagogene, hver sabbat, møttes jødene i provence for å høre den lokale Rabbien lese fra Toraen. Når dette var over og familiene dro hjem, fulgte noen få utvalgte menn rabbien til et avsidesliggende sted og mottok der privat undervisning i tekstens dypere mysterier. Denne praksisen var iflg. historikeren Gershom Sholem vanlig helt siden det andre tempelets fall i år 70 e.v.t.

Frem fra disse kretsene trådte en rekke lærde mystikere, som skulle bli kabbalismens grunnleggere, og den første i rekken av disse var Abraham ben Isaac.

Abraham ben Isaac, var President av det Jødiske Hoffet i Narbonne (?-1179), en av de fremste talmudistene[20] på sin tid, og elev av den berømte mystikeren Yehuda ben Barzilai (Barcelona).

Yehuda ben Barzilai var forfatteren bak en kommentar på en ganske kort tekst som hadde sirkulert i jødisk-mystiske kretser en stund, og som er en av de mest sentrale tekstene i Kabbalismen i dag, Sepher ha-Yetzirah.[21]

Denne ga han videre til sin elev som brukte den aktivt for å videreutvikle sin egen mysterieskole.

Disse rabbiene dannet fundamentet for to voksende sirkler av kabbalister i navnet, ettersom de ifølge den Jødiske historikeren Gershom Sholem var de første som brukte begrepet kabbalah overhodet for en egen tradisjon separert fra annen jødisk mystisisme. –Som med andre ord gir en datering rundt 1200 for Kabbalismens tilblivelse.

Disse rabbinere hadde to primære tekster som fundament for sin nye mystiske retting, foruten Bibelen og Talmud. Den ene var den allerede nevnte Sepher Yetzirah som Yehuda ben Barzilai

---

20 Talmud er den nest viktigste teksten innen jødedommen etter Torahen. Det er en serie med lover (Mishna) som har gått på folkemunne innen den jødiske tradisjonen, frem til de ble skrevet ned av Rav Ashi og hans kolleger ca. 500 e.v.t.

21 "Skapelses-Boken"

mente var den viktigste, den andre var Sepher ha-Bahir[22], som i den franske skolen ved Abraham ben Isaac ble sett på som likeverdig, om enn ikke viktigere for tradisjonen vi kjenner i dag.

22 Tittelen er hentet fra Jobs bok 37:21 "Nå ser ikke menneskene lyset (heb: Bahir), det er dekket av mørke skyer; men brått kommer vinden og feier dem bort."

Sepher ha-Yetzirah

Denne teksten på bare 1300 ord er svært omdiskutert, og vi vet lite om historikken bak den.

Enkelte kilder hevder at den kan være så gammel som fra 1800 år f.v.t, mens andre igjen mener at den ikke er eldre en fra år 900 e.v.t. Grunnen til denne usikkerheten er ikke bare mangel på referanser i annen jødisk litteratur, men også teksten består av seks forskjellig kapitler, hvorav de første bærer preg av å være mye eldre en de senere. Forfatteren nevnes ikke direkte, men i slutten av det sjette kapittelet, fortelles det om patriarken Abraham[23], "som beskuer og betrakter skapelsen, dykker ned i, og blir ett med den og Gud". Mange attribuerer derfor teksten til ham siden han er det eneste mennesket nevnt der. Flere av de første kommentatorene på denne teksten sier seg enige i dette. Mystikeren Saadia Gaon (891-941) hevder i sin kommentar, at "Abraham lærte det av de urgamle".

Andre kabbalister i moderne tid, som W. Wynn Wescott og Aryeh Kaplan, mener det finner referanser til Sepher Yetzirah i Toraen, både den Babylonske og den fra Jerusalem, noe som ville datere boken til år 444 f.v.t. og skriveren Ezra. En nøyaktig historisk datering er derfor umulig pr. i dag, men hvis man er åpen for at boken kan ha gått på folkemunne frem til den ble nedskrevet, kan den være urgammel. Et faktum som støtter teorien om at dette er en tekst som har igjennomgått en utvikling er at det finnes flere versjoner av teksten, noen på 1300 ord, andre igjen på opptil 2500.

---

23 1ste mosebok 12:1 –Abraham var en "Avot" en av jødedommens stamfedre.

Selve boken presenterer en kabbalistisk tese om hva Guds skaperkrefter er, og hvordan disse ble brukt og sammensatt for å skape kosmos. Den er ganske ulik andre jødiske tekster fra det antatte tidsrommet den ble utgitt på som også spekulerte rundt teologiske tema, idet den ikke består av kommentarer på bibelvers, men hevder sine teorier bombastisk og pompøst, samtidig som ingen kilde nevnes utenom Abraham.

Ifølge Sepher ha-Yetzirah ble verden skapt med, og består av, 32 stier.

De 32 stiene er et velkjent symbol innen kabbalismen for de 10 sephirot på Livets Tre og de 22 stiene som knytter dem sammen.

De 22 stiene representeres med de 22 bokstavene i det hebraiske alfabetet.[24] Disse er svært hellige, da de annses både som Guds 22 skaperkrefter, eller guddommelige egenskaper, og videre som byggestenene i Guds- og hans utvalgte folks språk, hebraisk.

Disse bokstavene deles i boken opp i tre klasser, alt etter hvilke lydkvaliteter bokstavene besitter.
De tre klassene er som følger:

---

24 Se appendix.

DET HEBRAISKE ALFABETETS KLASSER

"DE TRE MØDRE"

MEM   ALEPH   SHIN

מ   א   ש

Disse tre bokstavene symboliserer de tre grunnelementene i naturen; Luft, Vann og Ild, hvis sammensmeltning igjen resulterer i det fjerde elementet jord. Disse korresponderer igjen med alkymiens tre grunnprinsipper.

VANN   LUFT   ILD

▽   △   △

JORD

▽

SALT   KVIKKSØLV   SVOVEL

☉   ☿   🜍

"DE SYV DOBLE"

BETH GIMEL DALETH KAPH PEH RESH TAU

ת ר כ ד ג ב

Disse bokstavene kalles doble fordi de har dobbel uttalelseslyd; eks. "Bet-Vhe", "Gimel-Ghimel" o.s.v. og korresponderer med de syv planetene man kjente til i antikken:

Solen, Månen, Merkur, Venus, Mars, Jupiter og Saturn.

ב	♄	SATURN	LIV OG DØD
ג	♃	JUPITER	FRED OG ONDSKAP
ד	♂	MARS	VISDOM OG DÅRSKAP
כ	☉	SOL	RIKDOM OG FATTIGDOM
פ	♀	VENUS	SKJØNNHET OG STYGGHET
ר	☿	MERKUR	FRUKTBARHET OG STERILITET
ת	☽	LUNA	DOMINANS OG SLAVERI

HEH   VAV   ZAYIN   CHET

ה   ו   ז   ח

TET   YUD   LAMED   NUN

ט   י   ל   נ

SAMEKH   AYIN   TZADDI   QOPH

ס   ע   צ   ק

Disse bokstavene korresponderer med de tolv stjernetegnene i Zodiaken;

Aries, Taurus, Gemini, Cancer, Leo, Virgo, Libra, Scorpio, Sagittarius, Capricornus, Aquarius og Pisces.

♈   ♉   ♊   ♋

♌   ♍   ♎   ♏

♐   ♑   ♒   ♓

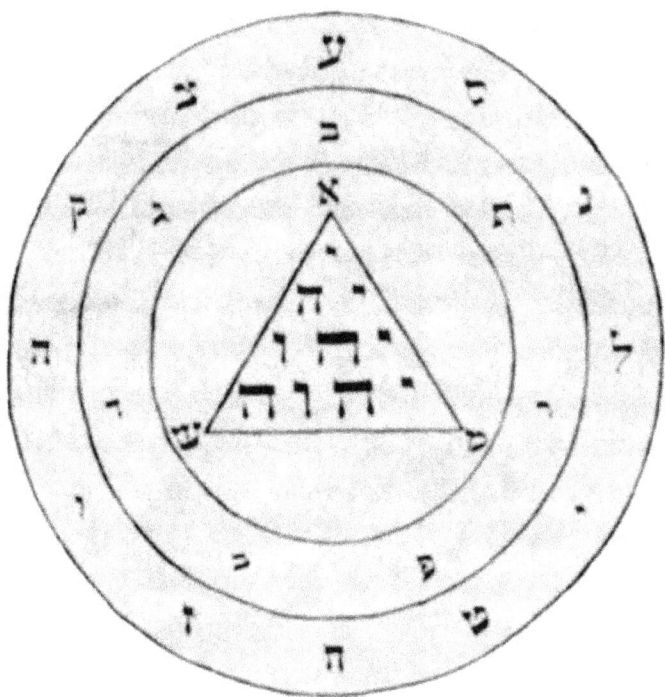

Yetziratisk rose, med Guds navn YHVH
skrevet som en tetractys i midten.

Forskjellige skoler viser til forskjellige korrespondanser mellom de enkelte bokstavene og den gjeldende planeten, elementet eller stjernetegnet. De har alle sine særskillte begrunnelser for dette, og bør derfor studeres i sammenheng med den øvrige læren. Mange har gått til grunne ved å prøve å forsone forskjellige skoler, der det ikke er noen hensiktsmessig grunn til å gjøre dette.

Inndelingen ovenfor representerer en kabbalistisk og hermetisk verdensanskuelse; som ser på mennesket som bestående av fire elementer: Jord, Ild, Luft og Vann. Disse er representert med planeten jorden.

Elementenes styrke og svakhet i forhold til hverandre stiger og synker i jevne sykluser styrt av de syv planetlegmene som kretser rundt jorden. Disse igjen påvirkes av hvilket av de tolv stjernetegnene de befinner seg i for øyeblikket. Når det så i det sjette kapittelet fortelles at Abraham "forstod, formet, permuterte, gjennomboret, tenkte og var vellykket, åpenbarte Den Velsignede Hellige seg for ham, og fortalte ham: "Før jeg formet deg i skjødet, kjente jeg deg, og før du ble født, velsignet jeg deg, jeg har skapt deg en profet for nasjonene."[25]

Han gjorde ham til sin venn, og formet en pakt med ham og hans barn for alltid og til evigheten."

Dette kan henspeile på Abrahams hellighet og misjon, men også tolkes slik at Abraham klarte og forene seg med Altet, i form av naturen (elementene, planetene, og stjernetegnene) og dermed fikk skue Gud ansikt til ansikt. Abraham blir i så fall en parallell til Adam Kadmon, som det perfekte, ubesudlede idealmennesket som bærer kosmos i seg; renset, helliggjort og balansert.

---

25 Jeremiah 1:5

Sepher ha-Bahir

Bahir, som en egen tekst, nevnes for første gang i en kommentar på Sepher Yetzirah, skrevet av svigersønnen til Abraham ben Isaac, Rabbi Avraham ben David av Posquieres (1120-1198), og ifølge den moderne historikeren og kabbalisten Aryeh Kaplan ble den først utgitt i skrevet form av Kabbalistene i Provence i 1176, tre år før Abraham ben Isaac's død. –Den kom ikke på trykk før 1651 i Amsterdam.

Denne teksten, på ca. 12.000 ord, er svært ulik Sepher Yetzirah i sin oppbygning, og bærer sterke likhetstrekk med en samling av Midrashim, som er tolkninger av spesielle bibelvers. Disse er ordnet på en svært uoversiktlig måte, og bærer ikke preg av den strukturen som ellers preger kabbalistiske verk.

Aryeh Kaplan mener likevel å gjenkjenne følgende oppbygning:

1. Tolkninger av de første versene i Genesis.
2. Alfabetet.
3. De syv stemmene og Sefirot.
4. Sjelens Mysterier.

Forfatterskapet bak Bahir er også forholdsvis ukjent, men ikke like obskurt som Sepher Yetzirahs opphav. I bokens begynnelse nevnes rabbien Nehuniah ben HaKana, en talmudist fra det første århundre, og de fleste skolerte kabbalister hevder at han er mannen bak Bahir, selv om han etter det den første paragrafen ikke lenger nevnes i det hele tatt. En annen person som er mer fremtredene er rabbi Amorai, som muligens var et pseudonym for Nehuniah, ettersom navnet hans ikke nevnes andre plasser i jødisk litteratur. Et videre argument for denne påstanden er at Amorai betyr "talere", noe som kan henspeile på at han er en slags polymorf person som taler på vegne av en gruppe, fremfor å være en enkeltperson. Dette ville ikke være regnet som uvanlig i jødiske kretser, ettersom vi finner flere eksempler på dette i Talmud. I talmud nevnes også Nehuniah ben HaKana ved et par anledninger, og dette viser hvilken posisjon han hadde blant sine samtidige.

Her følger noen utdrag fra boken:

12. "Skapelse" blir sagt å vanligvis referere til det aller første steget, å skape "noe fra ingeting." Å "lage", derimot, refererer til å fullbyrde et konsept.
Det er derfor skrevet at Gud "skaper ondskap." Dette refererer til Tohu-kaos, som var det første steget i skapelsen, og var "noe fra ingenting." Den ultimate realisasjon av skapelsen er fredens konsept, hvor alle dualiteter er løst, og verset konstaterer derfor "Han lager fred." Den viktigste realiseringen av fred, er gjenforeningen av de ultimate motpolene: Skaperen og Skapelsen.

...

17. Rabbi Amorai satt og uttolket:
Hvorfor er bokstaven Aleph[26] i begynnelsen?

---

26 Aleph, A ($\aleph$)

-FORDI DEN VAR FØR BEGYNNELSEN[27], SELV FØR TORAEN.

18. HVORFOR BLIR DEN ETTERFULGT AV BET? FORDI DEN VAR FØRST. HVORFOR HAR DEN EN HALE? FOR Å HENVISE TIL DET PUNKT HVORFRA DEN KOM. NOEN SIER AT HERFRA BLIR VERDEN OPPRETTHOLDT.

...

64. VIDERE, HVIS DET IKKE FINNES NOEN VISDOM FINNES DET INGEN RETTFERDIGHET...

---

148. OG DET STÅR SKREVET, "HAN HAR STRÅLER FRA SIN HÅND, OG HANS SKJULTE KRAFT ER DER".
HVA ER DEN "SKJULTE KRAFTEN"?
-DETTE ER LYSET SOM BLE LAGRET BORT OG GJEMT, SOM DU HAR SKREVET: "HVOR STORT ER DET GODE SOM DU HAR GJEMT BORT FOR DEM SOM FRYKTER DEG?"
HVA SOM GJENSTÅR FOR OSS ER DET SOM "DU HAR GJORT FOR DEM SOM HAR FUNNET LY I DEG." DETTE ER DEM SOM FINNER LY I DIN SKYGGE I DENNE VERDEN, SOM OVERHOLDER DIN LOV, FØLGER DINE BUD, OG HOLDER DITT NAVN HELLIG, OG GJØR DET HELT. -I HEMMELIGHET OG OFFENTLIG...

---

199. SJELEN TIL DET KVINNELIGE KOMMER FRA DEN KVINNELIGE, OG SJELEN TIL DET MANNLIGE
KOMMER FRA DEN MANNLIGE. DETTE ER GRUNNEN TIL AT SLANGEN FORFULGTE EVA. HAN SA, "HENNES SJEL

---

27 Toraen begynner som sagt med bokstaven B, eller Bet (ב). Se Del 1.

KOMMER FRA NORD, OG JEG VIL DERFOR FORT FORFØRE
HENNE."

-OG HVORDAN FORFØRTE HAN HENNE? HAN HADDE
SAMLEIE MED HENNE.

200. HANS DISIPPEL UNDRET: FORTELL OSS HVORDAN
DETTE SKJEDDE.

HAN SVARTE: DEN ONDE SAMAEL LAGDE EN AVTALE
MED ALLE VERTENE I DET HØYE MOT SIN MESTER.
DETTE VAR FORDI DEN VELSIGNEDE HELLIGE SA: "OG
LA HAM HERSKE OVER FISKENE I HAVET OG FUGLENE PÅ
HIMMELEN"

SAMAEL SA: "HVORDAN KAN VI FÅ HAM TIL Å SYNDE, OG
BLI SATT I EKSIL FRA GUDS ÅSYN?

-HAN STEG NED MED ALLE SINE VERTER, OG SØKTE EN
PASSENDE MEDSAMMENSVOREN PÅ JORDEN. HAN FANT
TIL SLUTT SLANGEN, SOM SÅ UT SOM EN KAMEL[28] OG RED
PÅ DEN.

HAN DRO SÅ TIL KVINNEN OG SA TIL HENNE:
"SA GUD OGSÅ, "FRA ALLE TRÆRNE I HAGEN SKAL DU
IKKE SPISE?""

(SLANGEN TENKTE VED SEG SELV, "JEG VET AT HAN IKKE
FORBUDTE ALLE TRÆRNE, MEN JEG VIL FINNE FLERE, JEG
VIL FÅ HENNE TIL Å LEGGE TIL, SLIK AT HUN VIL TREKKE
FRA.)

-HUN SVARTE, "HAN HAR IKKE HINDRET OSS FRA NOE
UTEN Å HA SAGT "...FRUKTEN FRA TREET SOM ER I HAGENS
MIDTE. GUD SA, SPIS IKKE FRA DET, OG RØR DET IKKE,
FOR DA SKAL DU DØ."

---

28 Jamfør med den hebraiske bokstaven Nun - ℸ

Hun hadde lagt til to ting: Hun sa: "fra frukten av treet som er i hagens midte", men Gud kun hadde sagt:

"Men treet som gir kunnskap om godt og ondt, må du ikke spise av; for den dagen du spiser av det, skal du dø".

Hun sa også "og rør det ikke", mens Gud kun hadde talt om å spise av det.

Hva gjorde Samael? Han dro og rørte ved treet. Treet skrek ut og sa: "Du Onde, ikke rør meg!"

–Det er derfor skrevet "La ikke en stolthetens fot overtrampe meg, og la ikke den Ondes hånd røre ved meg. Der har de som har sitt virke i onskapen falt, de er slått ned, og kan ikke stige opp."

Han sa så til kvinnen: "Se, jeg rørte ved treet og jeg døde ikke. Du kan også røre ved det, og ikke dø."

Kvinnen dro så bort og rørte ved det. Hun så Dødsengelen komme mot henne og sa: "Ve meg! Nå vil jeg dø, og den Velsignede Hellige, vil lage en ny kvinne og gi henne til Adam. Jeg vil derfor få ham til å spise med meg. Hvis vi dør, dør vi begge, og hvis vi lever, lever vi begge."

Hun tok frukten fra treet og spiste av den, og

HUN GA OGSÅ NOE TIL SIN MANN. DERES ØYNE BLE ÅPNET, OG DERES TENNER BLE SATT PÅ SKAKKE. HAN SA: "HVA ER DET DU HAR GITT MEG Å SPISE? SLIK SOM MINE TENNER BLE SATT PÅ HØYKANT VIL ALLE GENERASJONERS TENNER BLI SATT PÅ SKAKKE."

GUD SATTE SEG DA NED I SANN DOM, SOM DET ER SKREVET: "DU HAR OPPRETTHOLD MIN ÅRSAK, DU HAR SITTET PÅ TRONEN SOM EN RETTFERDIG DOMMER."

HAN KALTE PÅ ADAM OG SA, "HVORFOR FLYKTER DU FRA MEG?" -ADAM SVARTE; «JEG HØRTE DEG I HAGEN. DA BLE JEG REDD FORDI JEG VAR NAKEN, OG JEG GJEMTE MEG". JEG VAR AVKLEDD FOR MITT ARBEIDE, JEG VAR NAKEN FOR DINE BUD OG JEG VAR NAKEN FOR MINE DYDER."

DET ER DERFOR SKREVET "JEG VAR NAKEN, OG JEG GJEMTE MEG".

HVA VAR ADAMS KLEDNING? DET VAR HUDEN PÅ EN FINGERNEGL. SÅ SNART SOM HAN HADDE SPIST AV FRUKTEN FRA TREET, BLE DENNE HUDEN TATT AV HAM, OG HAN SÅ SEG SELV NAKEN.

DET ER DERFOR SKREVET: "HVEM HAR SAGT DEG AT DU ER NAKEN? HAR DU SPIST AV DET TREET JEG FORBØD DEG Å SPISE AV?"

ADAM SVARTE TIL DEN VELSIGNEDE HELLIGE: MESTER OVER ALLE VERDENER: NÅR JEG VAR ALENE, SYNDET JEG NOENSINNE FORAN DEG? MEN KVINNEN SOM DU HAR SATT TIL Å VÆRE HOS MEG, LOKKET MEG FRA DITT ORD.

Det er derfor skrevet: "Kvinnen som du har satt til å være hos meg, hun gav meg av treet, og jeg spiste."

Den velsignede Hellige sa: Er det ikke nok at du syndet? Måtte du også få Adam til å synde?
-Hun svarte ham: "Mester over alle verdner: Slangern lokket meg til å synde fremfor deg."

Gud tok de tre av dem, og felte over dem en dom av ni forbandelser og døden.
Han kastet så den onde Samael og hans gruppe fra deres hellige plass i himmelen, Han kuttet av føttene på slangen og forbandet den mer en alle andre dyr og beist på marken.
Han erklærte også at den måtte felle sitt skinn hvert syvende år.
Samael ble straffet og måtte være skyttsengelen over den onde Esau.
I fremtiden, da Gud trekker opp røttene på Edoms Kongedømme, vil han senke ham først. Gud vil straffe verten av høydenes høyde.
Dette utsagnet, død og straff kom fordi hun la til på Budet til den Velsignede Hellige.
Angående dette er det sagt: "Den som legger til, vil svinne hen."

Må Gud opplyse våre øyne med lyset fra sin Lov
Måtte han plasere i våre hjerter sin frykt
Måtte vi være verdige til å møte ham

HAN VIL OPPLYSE HJERTET
VEKKE HJERTET MED FORSTÅELSE
FÅ HJERTET TIL Å SKINNE MED STRÅLEGLANS

Videre fortsetter teksten slik, i en serie med spørsmål og svar, samt korte foredrag fra forskjellige rabbinere. Ravad's sønn, Isaac den blinde, var en svært berømt kabbalist i ordets rette forstand, og brukte også betegnelsen kabbalah på det mystiske rettingen han tilhørte og underviste i. Han opprettholdt en nær kontakt med de voksende kabbalistiske sentrene i Spania, og kritiserte dem ofte for sin tendens til å misjonere åpenlyst for større folkemasser og ikke-jøder.

Spesielt Gerona ble en navle for Kabbalah i Spania, hvor frontfiguren var Rabbi Moses ben Nahman (1194-1270) som arbeidet for en generell aksept av Kabbalah blant de øvrige jødene der. Han er mest kjent for sine henvisninger til Bahir i tolkningen av Bibelen, og sine offentlige taler.

Spania markerte videre sin posisjon i kabbalismens historie på 1200-tallet, da den den lengste av de klassiske kabbalistiske teksten ble forfattet her; Zohar.

Sepher ha-Zohar

Denne boken på over 20.000 sider ble angiveligvis skrevet, eller iallefall samlet og editert, av Moses de Leon av Guadalajara (1240-1305), og er en stor samling av forskjellige teser og doktriner over sephirotene, de fire Verdener, sjelens natur, Gud, skapelsen og øvrige tema som kabbalismen omhandler (se Del 3), skrevet i form av en kommentar på de fem mosebøkene, henholdsvis på både Hebraisk og Arameisk.

Moses de Leon ga opprinnelig ut Zohar som en tekst skrevet av Simeon ben Yochai (ca. år 160), en berømt Talmudist, som skal ha gått i skjul fra den romerske keiser Lucius Aurelius Verus, co-regent til Marcus Aurelius Antonius. Han oppholdt seg ifølge Talmud i en hule i 13 år, før han igjen kom ut og var en opplyst mann. Etter sin død, ble Leons kone spurt om bokens opphav, og hun fortalte at hennes mann aldri hatte vært i besittelse av et slikt manuskript, men valgte å attribuere teksten til Yochai slik at den skulle få den berømmelsen han mente den fortjente. Det er enda ikke med sikkerhet datert når Zohar begynte å sirkulere i manuskriptform, men de første trykte versjonene dukket opp på to forskjellige steder, mer eller mindre samtidig, nærmere bestemt Mantua og Cremona, henholdsvis i 1588 og 1590.

Tekstens oppbyggning er svært diffus, og vår samtidige kabbalist Rabbi Tzevot Ha'ana hevder i et innlegg i en debatt om hvorvidt Zohar bør oversettes eller ei, at Sepher Yetzirah har som formål å blottlegge sannheten, mens Zohar ønsker å vise den tilslørt fra flest mulig sider.

Uansett hvem teksten kommer fra, så er det en sentral tekst i kabbalismens utvikling, og sammen med Sepher Yetzirah og Sepher Bahir danner Zohar[29] de tre byggestenene for kabbalismen under hele middelalderen og frem til renessansen.

Her kommer et uttdrag av teksten, en eksegese av skapelsesberettningen.

20A: "OG GUD LAGDE DE TO STORE LYSENE.[30]

ORDET "LAGDE" HENSPEILER TIL DEN HØVELIGE EKSPANSJONEN OG ETABLERINGEN AV HELHETEN. ORDENE "DE TO STORE LYSENE" VISER AT DE I BEGYNNELSEN BLE ANSETT SOM LIKEVERDIGE, OG STOD SOM SYMBOLER FOR DET FULLE[31] NAVNET YHVH ELOHIM, (SELV OM DEN SISTNEVNTE DELEN ER TILSLØRT).

ORDET "STORE" VISER AT DE I SIN SKAPELSE BLE BETEGNET MED DET SAMME NAVN, SLIK AT GJENNOM DEM VAR NAVNET PÅ DET HELE "MAZPAZ MAZPAZ"[32], DE TO HØYESTE NAVNENE AV NÅDENS TRETTEN KATEKORIER[33].

DISSE BLE INNSATT MED HØYERE VERDIGHET, OG DE ER PLASSERT PÅ TOPPEN AV HODET FORDI DE AVSTAMMER FRA DET HØYESTE OG STIGER NED TIL FORDEL FOR VERDEN OG FOR VERDENERS IVARETAKELSE. -LIKELEDES

---

29 Heb: Storslagenhet eller Glans.

30 Genesis 1:16

31 Alt. "Fullkommne"

32 Heb: MZPZ Dette er et Temurah (se Del Fire) hvor Mem=Yod, Z=Heh, Peh=Vav og Z=Heh

33 Dette er en Zoharisk tese som henspeiler til 2 Mos. 34:6

STIGER DE TO LYSENE OPP MED DEN SAMME VERDIGHET.

MÅNEN, DERIMOT, VAR IKKE KOMFORTABEL MED SOLEN,
OG FAKTISK FØLTE DE SEG BEGGE FORULEMPET AV DEN
ANDRE.

MÅNEN SA: "HVOR GJETER DU DIN HJORD?"[34]
SOLEN SVARTE: "HVOR LAR DU DEN HVILE VED
MIDDAGSTID?
HVORDAN KAN ET LYS SKINNE VED HØYLYS DAG?"
GUD SA SÅ TIL HENNE: GÅ OG FORMØRK DEG SELV."

HUN FØLTE SEG HÅNET OG SA: "HVORFOR SKULLE JEG
VÆRE SLIK EN SOM TILSLØRER SEG SELV?"
GUD SA SÅ "GÅ DIN VEI FREMAD I HJORDENS FOTSPOR:"

HVORPÅ HUN SÅ GJORDE SEG TIL OVERHODET TIL DE
LAVERE REKKER[35].

FRA DEN TIMEN HAR HUN IKKE HATT SITT EGET LYS, MEN
FÅR DET LYS HUN BESITTER AV SOLEN. I BEGYNNELSEN
VAR DE LIKEVERDIGE, MEN ETTERPÅ AVTOK HENNES LYS
BLANT ALLE HENNES GRADER, DOG ER HUN FREMDELES
LEDER FOR DEM; FOR EN KVINNE NYTER INGEN ÆRE,
UNNTAGEN I FORENING MED SIN MANN.

"DET STORE LYSET" KORRESPONDERER MED YHVH, OG
DET "LILLE LYSET" MED ELOHIM, SOM ER DEN SISTE AV
GRADENE, OG TANKENS FULLENDELSE.

---

34 Høysangen 1:7

35 Alt. "Grader"

I BEGYNNELSEN VAR DET INNSKREVET I UNION MED BOKSTAVENE I DET HELLIGE NAVN, I DETS FJERDE BOKSTAV HEH, MEN SENERE TOK DET EN LAVERE RANG, VED NAVNET ELOHIM; DOG STIGER DET FREMDELES OPP I ALLE HIMMELENS RETNINGER, I BOKSTAVEN HEH, I UNION MED BOKSTAVENE I DET HELLIGE NAVN.

ETTERPÅ FORLENGTES DET GRADER PÅ DEN ENE OG DEN ANDRE SIDEN. GRADENE SOM STEG OPPOVER BLE KALT "DAGENS DOMENE", OG GRADENE SOM STEG NEDOVER BLE KALT "NATTENS DOMENE."

"STJERNENE", ER ETTERLATENSKAPENE TIL KREFTENE OG HÆRSKARENE SOM, UTALLIGE I ANTALL, ALLE ER FASTSATT I "HIMMELENS FIRMAMENT", SOM ER "UNIVERSETS LIV", -SLIK DET STÅR SKREVET: "...OG GUD PLASSERTE DEM I HIMMELENS FIRMAMENT, FOR Å SENDE LYS OVER JORDEN."
-DETTE ER DEN LAVERE JORDEN, SOM FÅR SITT LYS FRA DEM, SOM DE SELV FÅR DET FRA OVEN.

PÅ DENNE, DEN FJERDE DAGEN, BLE DAVIDS KONGERIKE ETABLERT; DET FJERDE BENET OG STØTTEN TIL DEN GUDDOMMELIG TRONE, OG BOKSTAVENE I DET HELLIGE NAVN, BLE STØDIG FASTSATT PÅ SINE PLASSER.

PÅ TROSS AV DETTE, INNTIL DEN SJETTE DAG, DA MENNESKETS LIKHET BLE FORMET, VAR IKKE TRONEN STØDIG FASTSATT I SIN PLASS; MEN TIL SIST BLE BÅDE DEN ØVRE OG DEN NEDRE TRONEN ETABLERT, ALLE VERDENER SATT I SIN RETTMESSIGE PLASS SAMT ALLE BOKSTAVENE FASTSATT I SINE SFÆRER VED FORLENGELSEN

AV DEN OPPRINNELIG DAMP.

DEN FJERDE DAGEN BLE "AVVIST AV BYGGERENE" FORDI
PÅ DENNE DAG, FORNEDRET DENNE LYSKILDE[36] SEG, OG
FRAGAV SEG SIN STRÅLEGLANS, OG DE YTRE SKALLENE
BLE FORSTERKET.

ALLE DISSE STRÅLENDE LYS ER FASTSATT I HIMMELENS
FIRMAMENT, SLIK AT VED DEM KUNNE DAVIDS TRONE
BLI ETABLERT.

DISSE LYSENE ER FORMATIVE AGENTER I DEN LAVERE
VERDEN, FOR DER Å PERFEKSJONERE FORMEN TIL ALLE
DEM SOM ER FAVNES I BEGREPET "MENNESKE." -DETTE ER
NAVNET GITT TIL HVER INDRE FORM; OG DERVED ER HVER
FORM SOM ER FAVNET I DENNE FORLENGELSEN, KALT
"MENNESKE", SOM HØVELIG INDIKERER MENNESKETS
ÅND EMANERENDE FRA HELLIGHETENS RIKE, MEN SOM
HAR KROPPEN SOM EN KLEDNING, SOM VI LESER; "DU
KLEDDE MEG I HUD OG KJØTT"[37].

DERFOR MØTER VI OFTE PÅ UTTRYKKET "MENNESKETS
KJØTT", SOM ANTYDER AT DET EKTE MENNESKET ER
INNVENDIG, OG AT KJØTTET SOM DETS LEGEME KUN ER
EN KLEDNING.

DE LAVERE VESENER SOM ER BLITT FORMET MED
DENNE ÅND ANTAR FORMER SOM ER KLEDD I EN ANNEN
KLEDNING, SLIK SOM FORMENE TIL DE RENE DYR[38];

---

36 Alt. "Lysgnist"

37 Job 10:11

38 Her: Kosher

OKSEN , SAUEN, GEITEN, RÅDYRET, OG SÅ VIDERE.

DE VILLE ØNSKE Å TA DEL I MENNESKETS KLEDNING, SOM
KORRESPONDERER TIL DERES INDRE NATUR, MEN DERES
FORMER ER DEKKET MED DETTE NAVN SOM TILHØRER
DERES LEGEMER; DERFOR FINNER VI BEGREPET
"OKSENS KJØTT", HVOR "OKSE" HENVISER TIL DET INDRE
ELEMENTET AV LEGEMET, MENS "KJØTT" ER KLEDNINGEN,
OG SÅ VIDERE.

LIKELEDES MED DEN ANDRE SIDEN: DEN ÅND SOM ER
FUNNET I DE AVGUDSDYRKENDE NASJONER, STAMMER
FRA URENSLIGHETENS RIKE, OG ER MED ANDRE ORD
IKKE, I ORDETS RETTE FORSTAND, "MENNESKER"; DERFOR
ER DET IKKE DEKKET AV DETTE NAVN, OG HAR INGEN DEL
AV DET KOMMENDE RIKE.

DETS LEGEME, SOM ER KLEDNINGEN AV DENNE URENE
TING, ER URENT KJØTT., OG ÅNDEN ER UREN I DET
LEGEMET SOM KLER DET. DERFOR, SÅ LENGE SOM DEN
ÅND ER I DETTE LEGEME, KALLES DET "URENT".

NÅR ÅNDEN STIGER FREM FRA DET SOM DEKKER DET ER
DET IKKE KALT "URENT", OG KLEDNINGEN BÆRER IKKE
LENGER MENNESKETS NAVN.
DE LAVERE VESENER, FORMET MED DENNE ÅND, ANTAR
FORMER SOM KLER DEM SELV I EN ANNEN KLEDNING,
SLIK SOM FIRBENTE URENE DYR, OM HVILKE LOVEN SIER
"DETTE SKAL VÆRE URENT FOR DERE", SLIK SOM GRISEN,
OG URENE FUGLER, OG BEIST FRA "DEN SIDEN."

ÅNDEN SOM ER DEKKET VED DET NAVN TIL DET LEGEME

HVORI DET ER KLEDT, OG DET LEGEMET ER KALT "GRISEKJØTT." -GRIS MED KJØTT SOM KLER DET. DERFOR ER DISSE TO GRUPPENE STERKT ADSKILLT. DEN ENE SIDEN OMFAVNET UNDER KATEGORIEN "MENNESKE" OG DEN ANDRE UNDER KATEGORIEN "UREN", OG DE INDIVIDUELLE FLOKKER HVER TIL SIN ART, OG RETURNERER TIL SITT SLAG.

DERFOR SKINNER DE SUPERNALE LYSENE I "HIMMELENS FIRMAMENT" FOR Å FORME I DE LAVERE VERDENER DE NØDVENDIGE FORMER, SOM DET STÅR SKREVET "OG GUD SATTE DEM PÅ HIMMELENS FIRMAMENT... OG FOR Å REGJERE OM DAGEN OG OM NATTEN".

DET ER HØVELIG OG RETT AT DE TO LYSENE SKULLE REGJERE, DET STØRRE LYSET OM DAGEN OG DET MINDRE OM NATTEN. LEKSEN VI LÆRER DERAV, ER AT DET MANNLIGE REGJERER OM DAGEN FOR Å REGULERE SIN HUSHOLDNING, OG FOR Å BRINGE MAT OG OPPHOLD TIL DET.
NÅR NATTEN KOMMER, TAR KVINNEN OVER, OG HUN REGJERER HUSET, SLIK DET ER SKREVET; "FØR DAGEN GRYR ER HUN OPPE, GIR HUSFOLKENE MAT, OG SETTER JENTENE I ARBEID.[39]" HUN OG IKKE HAM.

DERFOR ER DET MANNLIGES HERREDØMME OM DAGEN, OG NATTEN TILHØRER DET KVINNELIGE.

VIDERE ER DET SKREVET: "OG STJERNENE".
SÅ SNART SOM KONEN HAR GITT SINE ORDRE OG TRUKKET SEG TILBAKE MED SIN MANN, GIR HUN MAKTEN OVER

---

39 Ordsp. 31:15

TIL HUSPIKENE SOM FORBLIR I HUSET FOR Å SE TIL ALLE DETS BEHOV.

SÅ, NÅR DAGEN KOMMER, TAR MANNEN, SOM DET HØVER SEG, ATTER MAKT OVER HUSET.

"OG GUD LAGDE DE TO LYS." -DET ER TO TYPER LYS. DE SOM STIGER OPP KALLES "LYSETS LYSKILDER", OG DE SOM STIGER NED, KALLES "ILDENS LYSKILDER".

DISSE SISTE TILHØRER DEN LAVERE SFÆRE OG HERSKER OVER UKEDAGENE. DET ER AV DEN GRUNN AT DET VED SABBATENS AVSLUTNING BLIR LEST EN VELSIGNELSE OVER LAMPEN, FORDI HERREDØMMET DERVED BLIR GITT TILBAKE TIL DISSE LYSKILDENE. MENNESKETS FINGRE SYMBOLISERER DE MYSTISKE GRADENE AV DEN ØVRE VERDEN, SOM ER DELT INN I FOR- OG BAKSIDE. DEN SISTE ER UTSIDEN OG ER SYMBOLISERT MED FINGERNEGLENE, OG DERFOR ER DET TILLATT Å SE PÅ FINGERNEGLENE VED UTGANGEN AV SABBATEN I LYSET AV STEARINLYSENE, MEN DET ER IKKE TILLATT Å SE PÅ FINGRENE FRA INNSIDEN AV LYSET SOM SKINNER FRA KANDELABRENE. DETTE ER HENTYDET TIL I VERSET "SÅ VIL JEG TA MIN HÅND BORT; DA KAN DU SE MEG BAKFRA; MEN MITT ANSIKT SKAL INGEN SE."[40]

DERFOR SKAL MAN IKKE SE PÅ FINGRENE FRA INNSIDEN NÅR MAN RESITERER VELSIGNELSEN "SKAPER AV ILDENS LYS".

PÅ SABBATSDAGEN HERSKER GUD ALENE IGJENNOM EN INDRE KLASSE PÅ SIN TRONE AV HERLIGHET, OG ALLE GRADER ER EN DEL I HAM, OG HAN INNTAR HERREDØMMET.

---

40 2 Mos. 33:23

DERFOR PÅ DENNE DAG, INNSTIFTET HAN HVILE TIL
ALLE VERDENER.

SOM EN DEL AV DENNE DAGENS ARV, HAR DE HELLIGE OG
UNIKE MENNESKER FÅTT "LYSETS LYSKILDER," FRA DEN
HØYRE SIDEN, SOM ER DET PRIMÆRE LYS SOM VAR PÅ DEN
FØRSTE DAG. FOR PÅ SABBATSDAGEN SKINNER "LYSETS
LYSKILDER" ALENE OG HAR HERREDØMME, OG VED DEM
ER ALT OPPLYST HER NEDE. NÅR SABBATEN AVSLUTTES
ER LYSETS LYSKILDER TRUKKET TILBAKE, OG ILDENS
LYSKILDER INNTAR ATTER SINE RETTMESSIGE PLASSER.
DE HERSKER FRA UTGANGEN AV DEN ENE SABBAT, TIL
BEGYNNELSEN AV DEN NESTE. AV DEN GRUNN ER DET
HØVELIG Å BRUKE LYSET FRA LAMPEN VED UTGANGEN
AV SABBATEN.

[HAYYOTH]

DET SIES OM HAYYOTH[41] AT DE "FÓR FRAM OG
TILBAKE"[42], SLIK AT INTET ØYE KAN FØLGE DEM.
HAYYOTH SOM ÅPENBARER SEG ER DEM I MIDTEN, HVOR
DET ER EN OFAN[43], SOM ER METATRON, SOM ER MER
OPPHØYD EN ALLE DE ANDRE HERSKARENE. HAYYOTH
SOM ALDRI ÅPENBARER SEG, ER DEM SOM ER UNDER
DE TO UÅPENBARTE BOKSTAVENE YOD OG HEH,[1] SOM
HERSKER OVER VAU OG HEH$_2$ SOM ER DE FØRSTNEVNTES
PIDESTALL. DEN MEST MYSTERIØSE OG UFATTBARE
ESSENS HERSKER OVER ALLE OG ER BEFESTET OVER DEM.
DE HAYYOTH SOM SKJULER SEG SELV ER UNDER DEM SOM
FORBLIR UÅPENBARTE, OG BÅDE MOTTAR SITT LYS FRA-

---

41 Hayyoth, entall: Hayah dir. ov. "dyr", "levende", en av de høyeste Englehierarkier.

42 Esek. 1:14, evt. 1:22, beroende på oversettelse. I DNB's oversettelse er Hayyoth kalt "vesener."

43 Hjul

OG FØLGER DEM.

DE HIMMELSKE HAYYOTH ER ALLE BESTÅENDE I HIMMELENS FIRMAMENT, OG ER HENTYDET TIL I ORDENE "LA DET BLI LYS I HIMMELENS FIRMAMENT", "OG DE SKAL VÆRE FOR LYSENE I HIMMELENS FIRMAMENT." DE ER ALLE FASTSATT I DETTE FIRMAMENT. MEN DET ER OGSÅ ET FIRMAMENT OVER HIMLENE OM HVILKET DET ER SKREVET: "OVER HODENE PÅ SKIKKELSENE VAR DET NOE SOM LIGNET EN HVELVING. DET VAR SOM KRYSTALL, SKREMMENDE Å SE TIL, UTSPENT HØYT OVER HODENE PÅ DEM[44]." DETTE ER DEN FØRSTE HEH HVORFRA DET ER UMULIG FOR MENNESKET Å TRENGE VIDERE, ETTERSOM DET SOM LIGGER VIDERE ER INNSLØRT I GUDS TANKE, SOM ER OPPHØYET OVER MENNESKETS FORSTAND. HVIS DET SOM I TANKEN IKKE KAN FATTES, ENN MINDRE TANKEN SELV!

HVA SOM ER I TANKEN, KAN INGEN FATTE, EI HELLER KAN MAN FORSTÅ AIN SOPH, AV HVILKET INGEN SPOR KAN FINNES, OG TIL HVILKET TANKEN IKKE KAN NÅ MED NOE MIDDEL.

MAN FRA MIDTEN AV DET UGJENNOMTRENGELIGE MYSTERIE, FRA DEN FØRSTE NEDSTIGNING AV AIN SOPH, GLIMRER DET ET SVAKT USKJELNBART LYS LIK ET KNAPPENÅLSHODE, SOM ER TANKENS SKJULTE TILHOLDSSTED, TANKEN SOM ENDA IKKE ER ERKJENNBAR INNTIL DET STRÅLER FRA DEN ET LYS TIL DET STED DER DET FOREFINNES ET INNTRYKK AV BOKSTAVER, FRA HVILKET DE ALLE HENSTAMMER FRA.

---

44 Esek. 1:22

Først av alle er Aleph, som er alle Graders begynnelse, hvorpå alle grader er påtrykt, men som likevel kalles "En", for å vise at selv om Guddomen inneholder mange former, er den fremdeles En. Detter er den bokstav hvorpå både de lavere og høyere vesener er avhengige for sin eksistens. Toppunktet til Aleph symboliserer den skjulte supernale Tanke, i hvilket den potensielle utstrekningen av det supernale firmament hviler.

Når Aleph stiger frem fra dette firmament i en form som symboliserer Tankens begynnelse, stiger det frem fra dens Midtre Bjelke seks grader, som korresponderer med de skjulte Himmelske Hayyoth som henger fra Tabjeb. Dette er det lys hvilkets stråleglans ble trukket tilbake.

Dette er "dagens hete" som Abraham følte da han satt ved "sitt telts dør", døren som åpner veien fra nedenunder til oven, og på hvilken "Dagens Hete" skinte.

Et annet lys var det som svinner hen ved kveldstid, for å gjenopprette det som var målet for Isaacs bønn; om hvilket det står skrevet "Isaac trådte ut på marken for å meditere om kvelden"[45]

Et tredje lys er det som forbinder disse andre to, og skinner for Helbredelse, og det er hentydet til i det vers som sier at "det grydde av dag"[46] for Jakob. Med sikkerhet er dette etter at han hadde

---

45 1 Mos. 24:63

46 1 Mos. 32:26

MOTTATT TITTELEN "AFTEN". FRA DENNE TIMEN "HALTET HAN PÅ GRUNN AV HOFTEN", MED ANDRE ORD, HAN OPPNÅDE, MEN MED FEILAKTIGHET, FORSTÅELSEN OM ISRAELS STYRKE.[47]

DET STÅR SKREVET: "I SIN HOFTE" OG IKKE "I HANS HOFTER;" DETTE ER DEN FJERDE GRAD, AV HVILKEN INGEN PROFET HAR BLITT INSPIRERT FØR SAMUEL KOM, OM HVEM DET ER SKREVET "HAN SOM ER ISRAELS ÆRE, LYVER IKKE, OG ANGRER IKKE, FOR HAN ER IKKE ET MENNESKE, SÅ HAN TRENGER IKKE Å ANGRE."[48]

DERMED GJENREISTE HAN TIL SIN OPPRINNELIGE ÆRE DET SOM VAR SVAKT FRA DEN TID DA JAKOB BLE SKADET AV ESAU'S SKYTSENGEL. "HAN RØRTE VED DET HULE I HANS HOFTE[49]." DA HAN KOM TIL JAKOB, ARVET HAN STYRKEN FRA DEN "AFTEN" SOM ER ASSOSIERT MED EGENSKAPEN "DEN STERKE RETTFERDIGHET."[50]

JAKOB, DERIMOT, SOM BLE OMFAVNET I DENNE GRADEN, VAR BEVIS IMOT HAM. "HAN SÅ AT HAN IKKE KUNNE SEIRE MOT HAM, OG HAN RØRTE VED DET HULE I HAN HOFTE:" HAN FANT EN SVAKHET I HOFTEN, FORDI DEN VAR UTENFOR OVERKROPPEN SOM ER ET SYMBOLSK NAVN FOR JAKOB, HVIS LEGEME DERFOR VAR UNDER DE TO GRADERS BESKYTTELSE SOM BETEGNES MED NAVNET "MENNESKE."

SÅ NÅR ENGELEN FANT ET STED Å SLÅ TIL UTENFOR HANS

---

47 Her: Netzach Israel

48 1 Sam 15:29

49 Alt. "Hans Hofteskål"

50 Rettferdighet – Tzaddik: Annet navn på Chesed.

OVERKROPP, DA FALT MED EN GANG JAKOBS HOFTESKÅL SAMMEN, OG INGEN MANN MOTTOK PROFETISK INSPIRASJON FRA DEN KILDEN INNTIL SAMUEL KOM. JOSHUA MOTTOK SIN PROFETISKE INSPIRASJON FRA MOSE MAJESTETISKHET[51], SOM DET STÅR SKREVET: "DU SKAL OVERFØRE DIN KONGELIGHET PÅ HAM"[52] DETTE ER DA DEN FEMTE GRAD. NETZACH ER DEN VENSTRE HOFTE, JAKOBS GRAD, OG DAVID KOM DERFOR OG FORENTE DEN MED DEN HØYRE, SOM DET STÅR SKREVET: "SALIGHET ER I DIN HØYRE HÅND; SOM ER NETZACH!" ÅRSAKEN TIL AT JAKOBS HOFTE VAR SVAK, VAR AT PÅ GRUNN AV URENHETEN SOM RØRTE VED HAM OG FRATOK DEN SIN STYRKE; OG DEN FORBLE SVAK INNTIL SAMUELS TID. DERFOR TALTE SAMUEL OM ISRAELS NETZACH; OG DERFOR TALTE HAN ALLTID MED STRENGHET. SENERE, DERIMOT, BRAKTE GUD HAM UNDER HODS ÆON, ETTER AT HAN HADDE SALVET KONGER. PÅ GRUNN AV DETTE ER HAN RANGERT MED MOSES OG AARON, SIDEN HAN KOMBINERTE DE TO LAVERE GRADENE, SLIK DE BLE FORENT MED DE HØYERE GRADENE, SELV OM ALLE GRADENE ER FORBUNDET MED HVERANDRE.

ALLE DISSE SUPERNALE LYS EKSISTERER I SITT RESPEKTIVE BILDE HER NEDENUNDER. NOEN AV DEM I DERES BILDE NEDENFOR PÅ JORDENS OVERFLATE; I DEM SELV ER ALLE FASTSATT I "HIMMELENS FIRMAMENT". HER ER HEMMELIGHETEN OM DE TO NAVN KOMBINERT SOM ER FULLENDT IGJENNOM ET TREDJE OG BLIR ATTER EN IGJEN.

---

51 "Majestet" er et annet navn på Hod i Zohar.

52 Num 27:20

SAFED

En av de store kabbalister var Rabbi Moshe Cordevero. Han ble født i 1522 i Safed, byen som snart skulle bli verdens kabbalistiske knutepunkt. I svært ung alder hadde han allerede fått rykte som et formidabelt geni. Foruten hans enorme kunnskap om Kabbalah, var han en førsteklasses Talmudist, en filosof av høyeste rang og var vidt anerkjent som en høytstående lærd i språk, jødisk lov og matematikk.

Tross av hans mange talenter, var hans primære interesse å systematisere kabbalismen, og sette tradisjonen inn i et tydeligere filosofisk rammerverk. Han var så respektert at han var den første kabbalisten som fikk hedersbetegnelsen å ha en bestemt artikkel til navnet sitt, og er idag mest kjent som Ha-RaMaK.

I 1542, i en alder av tyve år hørte Ramak en himmelsk stemme som anbefalte ham å studere kabbalah sammen med sin svigerbror, Rabbi Shlomo Alkabetz. Han ble derfor fort innviet i Zohars mysterier av de lokale rabbinere, og næret etterhvert en enorm respekt for Simeon ben Yochai.

Den unge Ramak var derimot ikke fornøyd med Zohar, som han elsket så mye, ettersom han fant mange av allegoriene for vage til faktisk å ha noen nytte overhode, og savnet sårt en gjennomgående tråd i teksten. For å klargjøre dette for seg selv, begynnte han på to bøker. Den første var *Ohr Yakar* ("Det verdifulle Lyset") en enorm kommentar på Zohar.

Den andre boken, *Pardes Rimonim* -Granatepplenes Hage,

fullført i 1548, sikret hans ry i utallige generasjoner.

Pardes er, så vidt vi vet per i dag, en systematisering av samtlige kabbalistiske teser som eksisterte på Ramaks tid.

Spesiellt viktig var det at han derved forente mange av de tidlige skolene med Zohars lære, og demonstrerte således *enheten* og konsistensen i kabbalismens mange grener, som er den egentige essensen i all mystikk.

Rundt år 1550, grunnla Ramak et kabbalistisk akademi i Safed, som han ledet i over tyve år, frem til sin død. Det er blitt fortalt at profeten Elias skal ha åpenbart seg for ham og hans forsamling der. Denne gruppen av mystikere holdt seg fast til Zohars lære og engasjerte seg i forskjellig former for sakramenter for a frelse mennesket fra sin nåværende tilstand i materien. De tilbragte lange timer på engene utenfor synagogen i Safed, fordypet i bønn og meditasjon. De satt også ved gravene til kjente Mishna-lærere, for å komme i kontakt med dem og få deres velsignelse og veiledning.

Blandt hans disippler var mange av Safeds stormenn, som Rabbi Eliyahu di Vidas, forfatteren bak Reshit Chokhmah, *Visdommens begynnelse*, og Rabbi Chaim Vital, som senere ble den offisielle sekretæren til den Hellige Ari.

'Eksistensens labyrint utfolder seg i Gud'

Et diagram fra Pardes Rimonim

Isaac Luria

Mannen som skulle bli den mest berømte kabbalistiske læreren gjennom tidene skulle bli kalt den Hellige Ari –*Løven.*

Hans fulle navn var Elohi Rabbi Yitzak Luria –Den hellige Rabbi Isaac Luria (1534-1572) og kom fra en landsby ikke langt fra Safed.

Da Ari kom til den gruppen av kabbalister som var samlet i Safed, opptrådde han med stor tilbakeholdenhet for ikke å vise sin storhet, forteller tradisjonen. Bare Ramak hadde evnen til å se hva han egentlig var.

Før han døde I 1570, skal Ramak ha sagt: "Jeg skal snart forlate jorden. Dog, etter min død, vil noen erstatte meg. Og på tross av at denne personens utsagn tilsynelatende vil motsi mine, reis dere ikke i mot ham og gå ikke i krangel med ham, for de stammer fra den samme kilde som mine, og representerer den Absolutte Sannhet. Hans sjel er en gnist av Simeon ban Yochais, og den som motsetter seg ham, motsetter seg Schekinah![53]"

"Hva er hans navn?" Spurte disipplene.
"Det kan jeg ikke fortelle dere. På dette tidspunkt vil han ikke gjøre seg selv kjent. Men dette kan jeg si: Han som ser skyen som vil gå foran min kiste når jeg dør, han vil bli min efterfølger."

Få uker senere, på den togtyvende dagen i måneden Tammuz, døde Rabbi Moshe Cordovero.
Sjokkert over nyheten om deres store tap, sørget hele akademiet tungt.

---

53 Guds tilstedeværelse i mennesket, ofte tolket som den Hellige Ånd.

Isaac Lurias grav i Safed

הארי הקדוש

"Den Hellige Løven"

I hans begravelse, hvor størsteparten av Safeds jøder var tilstede, tok det flere timer før alle minnetalene var lest. Blandt dem som deltok var Ari, som beskrev Ramak som "én som er fullkomment fri for synd, og som ikke lenger har sin sjel knyttet til jorden med noen lenker, overhode."

Alle gråt tungt mens gravfølget bar Ramaks kiste til kirkegården. De hadde gått et godt stykke før de endelig nådde stedet der han skulle begraves. Da snudde de seg og sa "Vi vil legge ham her, ved siden av Israels største sannsigere!"

Ari stoppet dem og ropte ut "Ikke legg ham her. Skyen som går forann hans kiste driver enda avsted på sin vei, sannelig vil den vise oss hvor Ramak ønsker å bli begravet!"

Og fra denne dag av, etter å ha hørt Aris ord, ble han utvalgt til Safeds nye leder. Og som spådd av Ramak selv, var det store forskjeller mellom hans og Aris lære, men de hadde samme essens.

Som tidligere nevnt, hadde Ari en sekretær og lærling som allerede var tilknyttet Safed-akademiet før han kom, Chaiim Vital, og det er kun igjennom ham at vi har berettningene om Aris liv og lære, ettersom han dessverre kun skrev noen ytterst få tekster, som f.eks Tzimtzum (se side 10).

Hans lære kan kort sammenfattes til å omhandle følgende tema: Verdens tilblivelse, ut ifra en kilde, som vender seg innover seg selv, og skaper et tomromm, som kilden så kan videre emmanere utfra. Denne emmanasjonsprosessen skjer iflg. Zohar i 4 steg, (se Del 3: De fire Verdner) men Ari legger til et mellomledd mellom Guds negative eksistens og disse, nemmelig Adam

Kadmon. Kadmon blir her sett på som mennesket før fallet, og som bestående av fire deler, Guds hellige navn Tetragrammaton, som splittes da han synder. Denne splittelsesprosessen kaller han Sheviret HaKelim, *sprekkningen av beholderene* (se side 267).

Kadmon, og hele skapelsen brytes opp, men ikke ved at Guds navn splittes, det ligger latent fremdeles, men ukjent for hverdagsmennesket. Derimot brytes de ti sephirot som forklart i læren om Qliphottene. (se del 3). Og det onde og ubalanserte blir til.

Verdens og sjelens frelse:
Ari ser på denne splittelsen som årsaken til det ondes tilblivelse, og opphavet til all lidelse som menneskene opplever. Vår oppgave er derfor å finne den iboende guddommeligheten i alt, opphøye og rense denne for alle tilsmutsinger den har blitt utsatt for, og forene den i den store helheten nok en gang. Denne prosessen som foregår både i makro- såvel som mikrokosmos kaller han "Tikkun ha-Olahm" (Verdens Gjenopprettelse, eller Reintegrasjon).
Som Bal Shem Tov sa senere: "I alt som er i verden, dveler det Hellige Gnister. Ingensteds finnes det noe som ikke har denne kilden. Også i mennesket handlinger, ja selv i dets synder, dveler Guds Hellige Gnister."

Her ligger en av de essensielle forestillingene i kabbalismen, at Gud eksisterer utenfor skaperverket, og samtidig i det; først ved at det er skapt i hans bilde, av og med ham selv, så i mennesket som er hans øyne på jorden, og til sist ved at alt dette har en del av hans gudommelige lys i seg, uansett hvor dypt det ligger begravet.

SHABBATAI ZEVI

Shabbatai Zevi ble født i Smyrna, nå Izmir i Tyrkia i 1626.
Han er også kjent under økenavnet Amirah, den Elskede, som
han fikk av sine disipler. Shabbatai's første lærere var Gadol Reb
og senere Isaac di Alba, begge medlemer av Bais Din-skolen i
Smyrna med hvem han studerte Kabbalah fra begynneslen av
1650. Eetter seks år under Mester Isaac, fortsatte Shabbatai sine
studier under R. Joseph Eskapha, en berømt halakhaist på sin
tid, og forfatteren bak Resh Yosef, en kommentar på overnevnte
Zohar-utdrag. Det var mest sannsylig han som gav Shabbatai
den rabbinske ttittelen Hakham –vismann, når Zevi enda var
svært ung.

I 1648 Sabbatai begynte den lovende ynglingen, da 22 år, å endre
sin adferd betraktelig; han gikk igjennom lange perioder med
depresjoner, og ble anklagd for flere religiøse lovovertredelser.

Etter en tid med tilbaketrukkenhet og studier, kom han igjen ut i
dagen og eklærte seg selv for å være den sanne Messias.

Dette resulterte umiddelbart i et ramaskrik i det jødiske rådet i
Smyrna, og han ble forvist derifra ca. 1653.

Zabbatai ble igjen deprimert, og reiste uavbrutt igjennom
Hellas Palestina og Egypt, før han i 1665 ankom Jerusalem, hvor
han møtte mannen som skulle bli hans mest trofaste disippel
igjennom livet, Nathan fra Gaza.
Nathan var allerede en lærd kabbalist og teolog, og var kjent
for sine teser som han publiserte offentlig, og som vi idag også

Shabbatai Zevi, portrett av Thomas Coenen, Ydele Verwachtinge der Joden, Amsterdam 1669. Coenen skreiver i sin bok at bildet ble tegnet av en kristen i Smyrna 1665, etter å møtt Zevi selv.

kjenner fra en rekke korrespondanser han førte med mange av sine samtidige kabbalister, da det nå eksisterte et mangfold av skoler både i og utenfor det hellige land. Spesielt kan vi nevne et av de siste manuskriptene han skrev ti år før han døde fattig, men omkranset av sine mange venner og disippler i 1680 Skoplje, Makedonia.

Teksten het Zemir Aritzi'm - De Fiendlige Kreftenes Overkastelse, som omhandlet hvordan den enkelte kan bevisstgjøre seg, motstå og overvinne de krefter i og utenfor det, som står mellom det frie mennesket, og opplysningen. En tekst vi skal komme tilbake til om litt.

Nathan ble lamslått av Zevi's visdom, og overbeviste den mye eldre mannen, plaget av tvil og avmakt, at han i sannhet var Messias, og at hans gudesente oppgave var av den ytterste viktighet i den kommende tid.

Nathan erklærte seg så selv som Messiahs sanne profet, og dro ut på en misjonsferd til jødene utenfor Israel, og fungerte videre som Shabbatais apologist.

Tretten år etter deres første møte, hadde Shabbatai Zevi ikke bare vunnet jødenes oppmerksomhet, men på grunn av Nathan Levi's iherdige arbeid var hele den jødiske verden, Palestina såvel som diaspora overbevist da Shabbatai stod frem offentlig som Messiahs, for første gang etter sin utvisning fra Smyrna, og erklærte 1666 for å være det sanne millenium.

Dette var den eneste messianske bølge noensinne i jødedommen, og strakte seg fra England til Persia, fra Tyskland til Marokko og fra Polen til Yemen.

Zevi selv begynnte å reise rundt for å samle videre støtte fra jødiske samfunn i verden, og utnevnte tolv disippler til å bistå

Shabbatai Zevi som Messiahs
Amsterdam, 1666

ham, som representanter for Israels tolv stammer. Dette vakte stor oppsikt og begeistring, og tiltrakk seg også etterhvert politisk interesse. Fra europas synagoger ble det sendt ut budbringere til Shabbatai, med underskrevne edikter fra de jødiske samfunnenes ledere om at de stod bak ham om han ville ta plass som Israels Konge, religiøst såvel som millitært. Her kommer en kort berettning om hvordan tilstandene var:

"DERE MÅ TRO MEG PÅ AT DET VAR SLIK DET VAR... JEG TALTE MED MENNESKER SOM ÅT OG DRAKK OG VAR NÆR HAM... OG SOM STØTTET HAM, OG DE FORTALTE MEG AT DET IKKE FANTES NOEN LIK HAM I VESEN, OG I DEN MÅTE HANS ANSIKT SÅ UT, SOM OM DET VAR EN AV GUDS ENGLER... OG DE BAR VITNESBYRD OM AT NÅR HAN SANG SABBATSHYMNER TIL GUD, NOE HAN GJORDE MANGE GANGER OM DAGEN, DA VAR DET IKKE MULIG Å SE HAM I ANSIKTET, FOR OM MAN SÅ PÅ DET, SÅ VAR DET SOM Å SE RAKT INN I EN BRENNENDE ILD.

OG DET SOM FØLGER ER EN AV DE STØRSTE HENDELSENE, KLART OVERNATURLIG, SOM HENDTE I DE DAGER, OG EN AV GRUNNENE TIL DEN STORE TILTROEN TIL SHABBATAI ZEVI, FOR SKAPELSENS ÅR FEM TUSEN FIRE HUNDRE OG SEKSOGTYVE, [1665], I MÅNEDEN TEVET, HENDTE DET PÅ MANGE STEDER, I IZMIR OG I KONSTANTINOPEL OG I ADRIANOPEL OG I SALONIKA, AT PROFETER REISTE SEG I HUNDRE- OG I TUSENTALL. KVINNER OG MENN, GUTTER OG JENTER, OG SELV SMÅ BARN; ALLE PROFETERTE DE PÅ DET HELLIGE SPRÅK [HEBRAISK]OG PÅ ZOHARS SPRÅK [ARAMEISK], SELV OM INGEN AV DEM KUNNE HEBRAISK, OG EI HELLER ET SÅ BLANNDET SPRÅK SOM DET SOM FOREKOMMER I ZOHAR."

- Rabbi Leib ben Ozer (1600-talls biograf over Zevi)

Med den messianske feberen som nå rådet over den jødiske verden, og formasjonen av millitser i Italia, Polen og Nederland, såvel som i Palestina for å støtte Shabbatais rett til tronen, begynte andre krefter å reise seg mot Zevi.

Da han i 1666 gikk i land i Konstantinopel, ble han tatt til fange og fengslet av tyrkiske autoriteter, og ført fram for Sultanen. Innledningsvis krevde Shabbatai sultanatets totale overgivelse, underleggelse, og frigivning av alla jøder, noe Sultanen ikke uten videre var så begeistret for. Jødene holdt pusten. Etter å ha vært fengslet en tid, fikk Zevi ultimatet om enten å konvertere til Islam, eller å bli en martyr for sin sak. Da han gav etter for det førstnevnte, flommet sinnnet og hatet mot ham over hans etterfølgere, som i begynnelsen ikke trodde på det, og mistenkte det for å være tyrkisk propaganda, i påvente av nyheter om Messiahs seier over muslimene.

Da det ble viden kjent, at Shabbatai hadde latt seg krone med turban da han fikk ærestittelen "Vokter av Palassets Porter " og en pensjon på 150 piasters dagen, uteble ikke reaksjonene. Samtlige bøker som hadde dekket Shabbatais livsløp ble forbudte og brent, og skriv som fordømte Zevi selv og kabbalismen i sin helhet florerte fra enhver jødisk instans som ikke lenger ville være assosiert med den falske Messiahs, som heretter bare ble referert til som "han der" i historiebøkene.

Nathan og hans disippler derimot, hadde en annen tolkning på skandalen. Nathans lære gikk ut på at Messiahs sjel var fra verdens begynnelse ubrytelig knyttet til Livets Tre, og aldri rammet av "syndefallet" slik som Adam måtte underlegges Loven, som resultat av å ha spist av Kunnskapens Tre. Messiahs er derfor hinsides godt og ondt, ettersom han aldri *forlot* den paradisiske

Nathan fra Gaza
fra Jewish Encyclopaedia, 1906
originalstikket er fra 1600-tallet

tilstanden. Kun fra vårt perspektiv synes hans handlinger ofte skandaløse og klanderlige, mens de egentlig er i harmoni med Opphavets Lover, og ikke de "jordiske"

Det er ingen egentlig lære om Guddommelig Messiansk Inkarnasjon hverken i Zevis egne verker, eller hos Nathan fra Gaza, derimot var det snakk om at igjennom Ham manifestertes Zeir Anpin, for verdens gjenopprettelses skyld. Rabbi Israel Hazzan beskriver Shabbatai, den Elskede på ofte med navnet Adonai, men med følgende messiansk syn:

Årsaken til Messiah kommer var at han skull stige ned I kliphottene og kjempe mot dragene, *Thelim*, som råder over Den Andre Siden, *Sitra Ahra*, og frigjøre den guddommelige gnisten som var fanget der. Dette skjer på et Makrokosmisk nivå, og ville derfor resultere i en Endelig Seier over det onde, og Det Godes gjenopprettelse for jøder såvel som gojim.

Den elskede blir av Nathan attribuert til sephirotet Tipharet, og kalles av ham "Den Endelige Forsoner" og "Guddomens fullstendige Manifestasjon."

I Nathans verden ble Shabbatai's konversjon tolket som denne nedstigningen i religionens mørke, ikke som i at Islam representerte dette, men at religioner i seg selv, er som tomme skall som skiller menneskenes åndelige streben fra hverandre, og fører til indre og yttre strid.
Når denne tesen ble lansert, ledet det til at utallige av dem som enda var trofaste mot Shabbatais lære også konverterte, ofte flere ganger, for å bistå i arbeidet med Tikkun-ha-olam, ved å ødelegge skallenes grep om ånden.

Shabbatai Zevi selv, døde i eksil i Ulcinij, nå Montenegro, i 1676. Seks år før dette hadde han blitt offesiellt bannlyst av samtlige jødiske autoriteter, som deretter forbød et åpent studie av kabbalah.

Her følger en del sitater fra Nathan fra Gaza's bok "Den hellige Lampe", som kan gi et bilde på hans forhold til sin Messiahs.

"EN PERSON SOM BESKJEFTIGER SEG SELV MED ANLIGGENHETER SOM VEDRØRER DEN ELSKEDE, OM EN KUN VED Å FORTELLE HISTORIER OM HAM, ER Å ANNSE SOM LIKEVERDIG MED EN SOM STUDERER MERKABAHS MYSTERIER."

"DEN ELSKEDE, VAR OPPHØYD OG SKJULT, LEGEME OG SKJEL, PÅ YOM KIPPUR (FORSONINGSDAGEN) PÅ NE'ILAH'S TID. DEN SOM TROR AT HAN DØDE SOM ALLE ANDRE MENN, OG SOM MENN HVIS ÅND RETURNERER TIL GUD, BEGRÅR DEN GROVESTE SYND."

"HAN SOM ER MESSIHAS VIL GJENOPPRETTE HELLIGHETEN TIL DET KLIPPHOT SOM ER JESUS KRISTUS."

Selv den dag i dag finnes det Shabbatinske skoler, hovedsaklig kan de deles inn i to klasser; de religiøse som hevder at han faktisk var Messihas, og som dermed praktiserer konversjon til øvrige religioner, eller lager egne synteser av dem, og dem vi kan kalle de filosofiske, som ser på hans gjerninger og lære som essensielle biddrag til Kabbalismen, men som ikke anerkjenner hans påståtte Messianisme, og da heller velger å annse ham som en lærer, eller i beste fall som en profet.

Som et resultat av det enorme hatet og skepsisen mot Kabbalah som nå oppstod, ble det innført et "Gazairah", et forbud mot å studere Tradisjonen for dem som ikke var 40, menn, jøder, gift, og fedre.

Dette står teknisk sett ved lag den dag i dag, og håndheves i mer konservative jødiske kretser.

Neo-Shabbatianske skoler derimot, som for eksempel Dohnmer West-skolen, har opphevet det, og promoterer kabbalistiske studier alle, uberoende på kjønn, alder og tro. Sistnevnte er en viktig grunnvoll for dem, ettersom de selv praktiserer rituell konvertering, i tråd med Zevi's egne handliger.

BAAL SHEM TOV

"Be uavbrutt for Guds Herlighet, slik at den kan forløses fra sin eksil!"

-BaSHT

Israel Ben Elieser ble født i Ukraina i 1700 og døde i Podolia i 1760. Han er i dag bedre kjent som Baal Shem Tov og grunnleggeren av den Hassidiske bevegelsen.

Det sies at han ble født i fattige kår, av gammle foreldre, og som resultat av dette ble han foreldreløs i ung alder. For å livnære seg tok han seg jobb som assistent i en Heder, en jødisk religiøs skole, ved siden av å ha arbeidet i et bergverk, en synagoge-vokter og som vertshusholder.

I ung alder begynnte han å studere kabbalah, spesielt det etterlatte tankegodset til Issac Luria og Shabbatai Zevi. Etter en tid med dyp kontemplasjon over tekstene han kom over, samt iherdig meditasjon, begynnte han å oppvise evnen til å kunne helbrede folk, både fysisk så vel som sjelelig.

Det flokket seg snart en stor mengde mennesker rundt ham, som kom for å se ham utføre mirakeler og som lot seg fortrylle av hans karismatiske personlighet og lynende intellekt. Som et resultat av den enorme populariteten han opplevde fikk han rykte på seg for å være herre over Guds Ord, og å kunne helbrede og uttolke mysteriene i kraft av dette. Derav tilnavnet navnet Baal Shem Tov, *Herre over det Gode Ord.*

Hele Baal Shem Tovs lære kretser rundt en kjernetanke; at rabbinerenes religiøse disputeringer og overteroretisering av kabbalisme kun leder til et uttørket sjeleliv, mens Gud forlanger Hjertet; kjælighet til Gud og glede, er den sanne vei til å nå enhet med Ham.

Videre var han en forkjemper for tanken om at iboende i alt ligger en Gnist av det Guddommelige Lys, som venter på å forløses;

> "I ALT SOM ER I VERDEN, HVILER HELLIGE GNISTER.
> INTET ER TOMT FOR DISSE.
> I MENNESKETS HANDLINGER OGSÅ, JA SELV I DE SYNDER
> MENNESKET BEGÅR, HVILER HELLIGE GNISTER
> AV GUDS HERLIGHET."

Men hvordan skal denne forløsningen finne sted? –Baal Shem Tov svarer med å ta ibruk metodene til Luria og Zevi, Tikkunim-meditasjoner, eller "Enhetliggjøringer."

Enkeltmennesket må konfrontere motpolene i tilværelsen, enten de forekommer i det selv eller i omverdenen, det så være hos medmennesker som i naturen.

Der hvor det er splittelse mellom intensjon og handlig, kjærlighet og hat, ønske og mulighet, lys og mørke, er dette et resultat av at den Guddommelige Herligheten, billedgjort av Luria som en Gnist av Guds fullkommne Lys, er fanget i et mørke, usett av mennesket som handler imot sitt eget ve og vel.

Når mennesket tar til orde mot disse motsettningene og kaster seg inn i kampen, må det tiltale denne Gnisten, og få den til å reise seg over det mørket den befinner seg i og tre fram i sin opprinnnelige og ubesudlede stråleglans. Da vil syndene vike for den indre Guddommelighet på samme måte som mørket viker når solen står opp i øst.

Her følger noen korte tekster av Baal Shem Tov, som kan kaste mer lys på hans lære.

Godt og Ondt

Den iboende Herlighet seirer fra Oven til Under,
frem til den ytterste gjenklang av alle Ting.

Dette er mysteriet over Ordet "Og du skal belive dem
alle."

Selv når et menneske begår en synd, selv da er
Herligheten kledt i den, for foruten den ville ikke
mennesket hatt styrken til å bevege et eneste lemm.
Dette er eksilen til Guds Herlighet.

I skapelsesberetningen sies det; "Og Gud så på alt
det han hadde lagd, og se, det var såre godt.[54]" Men av
Moses sies det "Se, jeg har satt forann dere på denne
dag Livet, det Gode og Død og Onskap." Men fra hvor
har ondskapen kommet? Svaret er; ondskapen også er
av det Gode, det er den laveste gjenklang av perfekt
Godhet om man gjør godt, da blir også det Onde Godt,
men om man synderm da blir alt i sannhet Ondt.

Som Herligheten omfavner alle verdner, godt og
ondt, slik var de innsluttet i Moses.

Når Gud for første gang kalte på Moses, svarte han
ikke "Her er jeg" ettersom han var tapt i overhvelmelse:
Hvordan kan enheten finne sted? For når Gud
Åpenbarte seg i tornebusken, det vil si, i det Onde, som

---

54 1.Mos 1:31

I DEN LAVESTE GJENKLANG, DA ÅPNET ALLE ILDENS FONTENER SEG, FRA DET HØYESTE OG NED I DYBDENE, MEN TORNEBUSKEN BRANDT IKKE OPP; ONDSKAPEN BLE IKKE FORTÆRT. HVORDAN KUNNE DET SKJE?

FOR DU GUD KALTE PÅ MOSES EN ANDRE GANG: "MOSES!" DA BANDT DEN LAVESTE GJENKLANG SEG TIL DEN HØYESTE I MOSES SELV, OG HAN SA: "HER ER JEG."

TIKKUNIM

ALT HVA ET MENNESKE HAR, SINE ANSATTE, SINE DYR OG SINE VERKTØY, ALLE SKJULE DE EN GNIST SOM HØRER HJEMME I ROTEN AV HAN SJEL OG SOM LENGTER ETTER Å BLI REIST AV HAM TIL SITT OPPHAV.

TIKKUNIM FOR DINE ANSATTE:
I. TAL TIL DEN HELLIGE GNIST SOM LIGGER LENGSELSFULL OG GJENGLEMT I DEM, MENS DU OGSÅ TILTALER DERES MUSKLER OG DERES SINN.

II. NÅR DU TALER TIL DEN HELLIGE GNIST SOM LIGGER LENGSELSFULL OG GJENGLEMT I DEM, FORESTILL DEG AT DEN REISER SEG OPP TIL SIN KILDE.

TIKKUNIM FOR DINE DYR:
I. TAL TIL DEN HELLIGE GNIST SOM LIGGER LENGSELSFULL OG GJENGLEMT I DEM NÅR DU TALER TIL DERES DYREHJERTER.

II. NÅR DU TALER TIL DEN HELLIGE GNIST SOM LIGGER LENGSELSFULL OG GJENGLEMT I DEM, FORESTILL DEG AT DEN REISER SEG OPP TIL SIN KILDE.

TIKKUNIM FOR DINE VERKTØY:
I. TAL TIL DEN HELLIGE GNIST SOM LIGGER LENGSELSFULL OG GJENGLEMT I DEM NÅR DU TALER TIL DERES STÅL OG STEIN.

II. NÅR DU TALER TIL DEN HELLIGE GNIST SOM LIGGER LENGSELSFULL OG GJENGLEMT I DEM, FORESTILL DEG AT DEN REISER SEG OPP TIL SIN KILDE.

Om de Hellige Gnister og deres Forløsning

I. De Hellige Gnistene som falt da Gud Bygde og Ødela Verdenene, skal mennesket reise og rense oppover; fra sten til plante, fra plante til dyr, fra dyr til det Talende, Værende. Ja, rense de Hellige Gnistene som er fanget i Skallenes Verden.[55]

II. Alt hva mennesket har, dets tjener, dets dyr, dets verktøy, skjuler gnister som tilhører røttene av dets sjel, og ønsker å bli gjenreist til Ham, av sin Kilde.

III. Alle ting av denne verden som tilhører en person, begjærer med all sin kraft å komme nær ham slik at den Hellige Gnist som er i dam kan reises av ham tilbake til sin Kilde.

IV. Mennesket eter dem, mennesket drikker dem, mennesket bruker dem; Gnistene som dveler i alle ting. Derfor burde man vise nåde ovenfor sine verktøy og alle ens egendeler for de Gnister som er i dem. Man burde vise Nåde for de Hellige Gnister.

V. Gi akt på at alt du gjør for Guds skyld, er i seg selv en tjeneste ovenfor Gud.
Når du spiser; si ikke at intensjonen bak å spise er å vinne styrke. Dette er en god intensjon, selvfølgelig, men den sanne perfeksjon forekommer kun når

---

55 Se del 3 –Det Onde. Og avsnittet om Luria.

HANDLINGEN SELV SKJER VIET TIL HIMMELEN, FOR DET ER DIT
HEN DE HELLIGE GNISTENE REISES.

VI. I ALT SOM ER I VERDEN, HVILER HELLIGE GNISTER.
INTET ER TOMT FOR DISSE.
I MENNESKETS HANDLINGER OGSÅ, JA SELV I DE SYNDER
MENNESKET BEGÅR, HVILER HELLIGE GNISTER AV GUDS
HERLIGHET. OG HVA ER DET GNISTENE VENTER PÅ, DE SOM
DVELER I SYNDENE? DET ER OMVENDELSEN.
I DEN TIME NÅR DU VENDER DEG OM FRA EN SYND DU HAR
OMFAVNET, REISER DU DEN HELLIGE GNISTEN SOM ER FANGET
AV DEN, TIL DEN HØYERE VERDEN; TIL HIMMELEN.

Som det ganske klart kommer frem av de overstående tekstene,
så la Baal Shem Tov ganske stor vekt på at selve det åndelige
arbeidet måtte implementeres i hverdagen, så vel som i høytidene.
Foruten Tikkunim lærte han også at man kunne nå Gud gjennom
ekstatisk dans, og ikke minst latter, siden "...det er i latteren og
gleden at lyset åpenbarer seg."

Hassidismen fikk etter hvert mange følgere, vanlige jøder så vel
som de som allerede studerte kabbalah. Det forekom mange
høytstående personer i hans personlige krets, men brorparten
kom fra arbeiderklassen og de uutdannede.

Etter Baal Shem Tovs død, ble hans lære videreutviklet av hans
etterfølgere, og et nytt fenomen dukket opp. Tzaddikim. En
Tzaddik[56] var en Hassidisk læremester, som fikk tittelen Rebbe
og som var i direkte kontakt med Guddommen og hvis handliger
reflekterte Guddommelige lovmessigheter. Det ble selv sagt om
Baal Shem Tov at man kunne lære de høyeste mysterier bare

---

56 Heb. Rettferdig, evt. Rettskaffen.

ved å se ham knytte sine skolisser. Tzaddikene hadde tilnærmet helgenstatus for hassidikerne, som ikke lenger vendte seg til "vanlige" rabbier med sine spørsmål og problemer, men som heller oppsøkte disse hellige menn.

Dette førte til at da Hassidismen spredte seg som ild i Europa, hadde nesten hvert eneste jødiske bokvarter hadde sin egen Tzaddik som folket flokket seg rundt, og dro på pilgrimsferder til på høytidene. Dette vakte stor misbilligelse i de konservative jødiske kretsene, som mente at Tzaddikene villedet folket fra de klassiske studier, og blendet dem med løfter om forløsning, og i 1772 ble den Hassidiske sekten lyst i bann, sikkert også i frykt for en ny messiansk bølge a la Shabbatai Zevi. I dag lever Hassidismen enda, takket være sin inntreden i U.S.A. på 1850 tallet, hvor store mengder Tzaddikker fremdeles finnes ved Hassidiske skoler i New York.

Parallelle Strømninger

Samtidig med kabbalismens interne utvikling foregikk det på 1000-tallet store omveltninger i Europa.

Pavedømmet var bestemt på at Det Hellige Landet skulle vinnes tilbake fra hedninger som okkuperte det, og iverksatte en stor bølge av korstog som alle hadde kursen mot Jerusalem. Prester, krigere, munker, pleiere, leiesoldater og lykkejeger dro alle mot Israel for å plyndre, herje, voldta og krige i Guds navn. Flere riddere ble satt inn i kampen, og disse dannet forskjellige ordner, alle med sin særegne lære og funksjon. I 1099 lyktes det første korstog i å ta Jerusalem under frankeren Godfri de Buillions ledelse, og det Franske Kongeriket av Jerusalem ble stiftet. Dette ble igjen tatt tilbake av saraccerne 90 år etterpå, men den franske innflytelsen bestod selv etter dette.

En av de mest fremtredende ridderordenene, Templarene, eller Tempelriddene av den Hellige By, også kjent som Ridderne av Salomos Tempel, begynte som en liten fattig orden, sammensatt av ni riddere som offesielt sett viet seg til beskyttelse av pilgrimmer og korsfarere på vei fra Europa til Jerusalem i 1118. Aldri før hadde sekulære riddere avlagt en monastisk ed, så slik sett var dette vestens første krigs-munker, som skulle komme til å sloss ved siden av korsfarere som Richard I, Løvehjerte.

De fant sitt tilholdssted på tempelhøyden, og tok derav sitt navn. Selve Salomos Tempel var borte for lenge siden, men da de kristne hadde inntatt byen, hadde de reist et gullkors på klippemoskeen, noe som forklarer baksiden av ordenens segl.

Dette seglet har voldt mye hodebry for senere forskere, som har vært snare med spekulasjoner rundt utformingen av de to sidene. Opprinnelig hadde ikke ordenen noe annet formelt symbol en det røde korset på en hvit bakgrunn, samt deres beauséant, krigsbanneret, som var et kvadratt delt vannrett over midten, den øverste delen sort, og den nedre hvit. Hovedseglet deres derimot, som først var det personlige seglet til Stormesteren Bertrand de Blanchfort, ble laget i 1168, og avbilder to riddere på én hest. Mange historikere i dag mener at dette kommer av ordenens tidlige fattigdom, eller i det minste eden om aldri å eie noe utover de personlige artikkler, som hver ridder måtte underkaste seg.

Problemet oppstår med Ordensregel 354, som sier at to riddere ikke under noen omstendighet har lov å ri på samme hest, under trussel om å bli kastet ut av ordenen om de så gjorde.

Ordenen vant svært tildlig støtte hos adelen på kontinentet, både politisk såvel som økonomisk. Dette ga dem muligheten til å bygge opp en serie med losjeringshus på veien til Jerusalem. Det første lå i Provence, og det siste i den Hellige Stad. Ved disse losjene, hvor aspiranter ble opptatt i ordenen, og hvor de ble plassert i enten preste- eller ridderkastet, kunne pilgrimmer og korsfarere søke ly og bytte hester om de ønsket. Det de også kunne, var å veksle inn sine penger i et verdipapir, som ved en annen losje kunne utløses igjen, mot en liten provisjon til ordenen. Dette var i praksis det første bankvesen, og resulterte i at Templarene steg i både velstand og renommé, og eide store landområder. Begge kastene i ordenen var underlagt en streng kyskhetskodeks, og var kjent for sin utmerkelse i hvert sitt felt. Ridderne var uovertrufne i kamp, og ble ofte innleid av geistligheten og adelen i stridstider, og prestekastet var kjent land og strand rundt for sin lærdhet. Dette skulle derimot bli selve årsaken til Templarenes fall.

Paven, og stormaktene i sentraleuropa mislikte sterkt den politiske innflytelsen Templarene etterhvert vant, så vel som den store makten de begynte å besitte over massive landområder, og erklærte dem for å være kjettere i 1307, og at deres lære var i strid med den katolske kirke.

Tiltalen prosederte at Templarene, en kristen orden innstiftet med Pavens godkjennelse, med et rødt kors som sitt symbol, hadde tilegnet seg okkult og esoterisk viten fra mystikere i Jerusalem, kristne så vel som jødiske og muslimske. Videre skal dette materialet ha blitt inkorporert i ordenens lære, og utviklet seg til avgudsdyrkelse. En av hovedanklagene var at under opptaket i ordenen måtte kandidaten kysse sine ordensbrødre bak, bedrive sodomi, drikke blod, samt trampe på et kristent kors. Alvorligst var anklagen om fornektelse av den kristne tro til fordel for diableri, egne sakramenter i stedet for nattverd, og sorte messer, hvor guddommen Baphomet angiveligvis ble tilbedt.

Baphomet ble antatt å være en perversjon av det arabiske navnet Muhamet, eller Muhammed. Baphomet blir i enkelte av vår egen samtids frimureri ansett enten som en konstruert universell guddom, lik Serapis i Alexandria, eller som et symbol på menneskets *Lavere Jeg*, som er bundet, pervertert og skjult av materien på grunn av sin griskhet og dyiske lyst. Baphomet får til sist dette bånd kuttet av Gud når han ber om frelse, og er således et symbol på menneskets forløsning fra det onde, enn heller en surrogat-kristus.

Tempelridderenes Ordenssegl

I alle tilfelle var anklagene oppkonstruerte av pavedømmet og kong Phillip IV av frankrike, som hadde satt seg fore å fylle den tomme statskassen med Templarenes skatter. Dette var en velutprøvd metode for å bedre en finansiell tørketid, da han allerede hadde utvist alle jøder fra Frankrike og tatt deres aktiva i sin besittelse.

En stor inkvisatorisk bølge feide så over Templarene, som hadde brakt sin lære til Europa, hva den nå enn måtte bestå av.

Morgenen 13 oktober 1307 ble ordenens daværende Stormester Jaques de Molay arrestert sammen med utallige andre av sine medbrødre. Han tilbrakte de neste syv årene av sitt liv i fengsel hvor han og de øvrige ridderene undergikk de mest horrible torturmetoder tenkelige. Inkvisisjonen stoppet ikke ved noe for å tvinge ut tilståelser som kunne dømme templarene i den katolske verdens øyne.

Dommen falt ikke lenge etterpå, og deres landområder og store formuer ble konfiskert. Selv om de Molay tilstod å ha fornektet Kristus, og å ha trampet på Det Hellige Kors, tviholdt han på sin avfeielse av tiltalen om innvielsesritualer av homofil natur. På den 18 mars 1314 ble han ført ut forann folket for åpent å tilstå hans egne og ordenens synder. Han trakk da tilbake alle sine tidligere tilståelser, og sa at det eneste han var skyldig i var å lyve om sine brødre for å mildne hans egen tortur. Han ble bragt til øyen Siene og brendt sammen med Geoffrey de Charney, Preceptor av Normandy.

Det finnes mange berettninger om de Molays siste ord, men 1800-talls historikeren, Charles Addison gjengir dem slik:

"Å si det som er usant er en forbrytelse både i Guds og i menneskers åsyn. Ingen av oss har forrådet sin Gud, eller sitt land. Jeg tilstår min skyld, som består i å ha, til min egen skam og vanære, å ha tillat meg selv, dog under torturens smerte, og dødsangst, å ha uttalt usannheter angående skandaløses synder og forferdeligheter ovenfor en fremragende Orden, som nobelt har tjent kristendommens sak. Jeg nekter å søke en utlendig og æreløs eksistens ved å gravere nok en løyn på den første usannheten.[57]"

Spørsmålet om hvorvidt påstandene om kjetteri har noen form for rot i sannhet, er vanskelig å redgjøre for, ettersom det ikke finnes noe substansielt materiale om Templarenes lære fra andre kilder en fra anklagerenes side. På tross av dette hevder en stor andel ordener av idag at de enten *er* Templarene, eller i det minste deres rettmessige efterfølgere og arvtagere, enten i form av å besitte den påståtte esoteriske læren som ordenen skal ha vært i besittelse av, eller at den aktuelle orden er stiftet av "riddere på rømmen" dog må det sies den eneste med fullmakt til å opprette og nedlegge en katolsk orden er Paven, og han trakk tilbake deres vatikanske patent i 1307.

Enkelte fraksjoner av orden gikk inn i de Teutonske Riddere og Johannitterordenen, men den opprinnelige Tempelridderorden en er idag oppløst.

---

57 Addison, The History of the Knights Templars

SYNTESEN

I middelalderen, når vesten lå svøpt i et opplysningsmørke, og utdannelse var forbeholdt geistligheten og de adelige, var det en gruppe håndverkere som besatt stor matematisk og geometrisk kunnskap; katedralbyggerne. Disse måtte oppvise stor presisjon i utformingen av sine reisverk og ornamenter, slik at disse storslagne byggene kunne holde tonn på tonn med sten. Denne kunnskapen ble hemmeligholdt, slik at yrket kunne holdes inntakt, og at uvørne ikke skulle kunne konkurrere med byggmestrene. Som så mange håndverkere på den tiden, formet murerne sitt eget laug, et forbund hvor de kunne vedlikeholde sine interesser, drive undervisning og hjelpe sine medlemmer å få tak i arbeid. Det var en utførlig prosess å bli med i et slikt laug, og man måtte gå mange år i lære som svenn, før man ble tatt opp som medbroder i lauget, for så selv en gang kanskje å få et mesterbrev i faget.

Katedralbyggerne, som besatt en omfattende utdannelse i forhold til sine samtidige, var i sitt virke adskilt fra den mest nærliggende håndtverkertradisjonen, murerne, på et felt:

Vanlige murere var bundet til sitt hjemsted, på samme måte som alle andre som ikke var adelige under middelalderen, og kunne ikke reise til andre landsdeler uten særlig grunn og tillatelse fra de lokale fullmaktene, noe som skjeldent forekom. I oppreisningen av katedraler, derimot, forekomm det svært mange særegne håndtverksbehov, som f.eks krummet taktekking, blyinnfattning, samt søylemeisling i stein. Særkunnskap som denne var ikke nødvendig i de lange tidsrommene det kunne

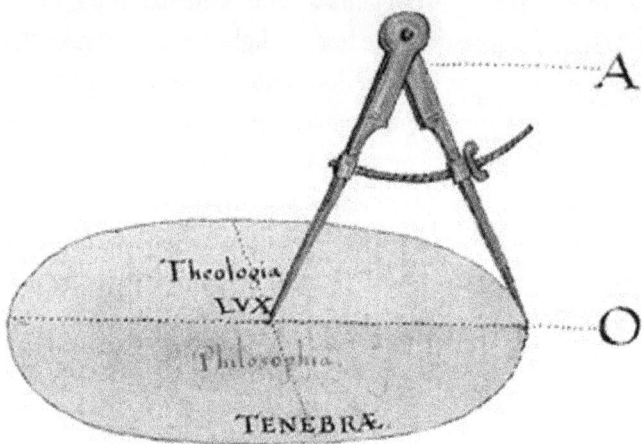

Passeren som viser forholdet mellom
Lysets sentrum og mørkets yttergrenser

være mellom oppreisningen av katedralene, ei heller var det stor tilgjengelighet på fagfolk som satt inne med slik viten. Murere formet da egne laug, som ikke var bundet av denne overnevnte reiserestriksjonen, og kalte seg for frimurere, ettersom de kunne reise fritt, og søke opphold hos losjer hvor de trengtes for et lokalt byggverk.

Disse frie murere, kom utvilsomt i kontakt med et mye videre spekter av både inntrykk og kunnskap enn mesteparten av sine samtidige. Spesielt om man kommer i hu at reiser i seg selv var både uvanlige og farlige. Om man ikke ble utsatt for ran og overfall på de ubevoktede strekningene, var man i fare for bokstavelig talt å drukne på de elendige veiene som forbandt de større byene i Europa. Når og om disse frie murere kom i kontakt med en esoterisk tradisjon er en av de mest omdiskuterte tema vi finner i den esoteriske verden i dag, men ifølge forskjellige frimurerriter, skal det ha funnet sted en kontakt og esoterisk overlevering mellom restene av tempelridderne og operative frimurere.

Dette betviles av de fleste frimurere og historikere i dag, men som vi skal se, finnes det godt hold for at det har forekommet en treffning mellom vestlig, kristen kabbalisme og det tidlige frimureriet.

Utvilsomt er det i alle fall at det har forekommet en overgang fra operativt til "spekulativt", eller det filosofiske frimureri, som er det vi i dag kjenner som en verdensomspennende innvielsesvei.

Ornamenter og glassmaleri med religiøse motiver var sentrale i den kirkelige pedagogikken, ettersom gudstjenesten ble holdt utelukkende på latin, og det i år 1000 var mindre en 10% av

117

Den Flammende Signatstjernen
Et Kabbalistisk symbol på Lyset og Mørkets
brennende tilstedeværelse i mennesket

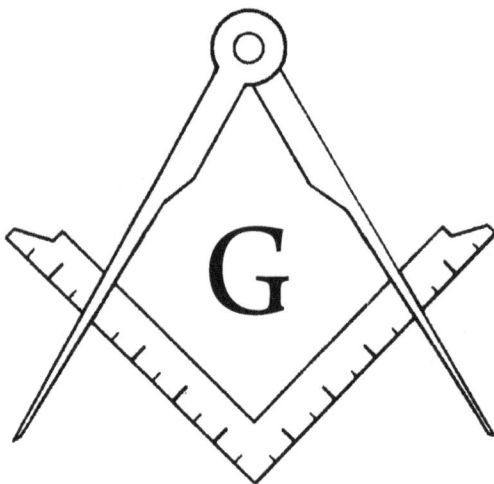

Den stillbare Passeren og den faste Vinkelens forening
Bokstaven G i midten kan henspeile på Geometri, eller Gud

den europeiske befolkning som kunne lese. Geometrien bak konstruksjonene ble sett på som avtegnelser på de hellige naturlover som gjenspeilet det guddommelige i den materielle verden, slik kabbalismen forteller at Gud har innskrevet seg i mennesket med de samme tegn.

Ifølge Bibelen, esoteriske jødiske tekster, samt frimurerisk legende, så leide kong Salomon av Israel inn en utenlandsk byggmester da han skulle bygge sitt Tempel til ære for Gud, slik det hadde blitt pålagt hans far kong David. Israel hadde gode handelsforbindelser med flere land på denne tiden, og kong Hiram av Tyria sendte derfor en av sine byggmestere, samt sedertre til Salomon for å bistå ham med oppføringen av tempelet. Denne byggmesteren het også Hiram, og ledet hele arbeidet selv. Han delte sine arbeidere inn i tre grupper; Læresvenner, Medbrødre og Mestre, og inntredenen i hver av de tre gradene, var ledsaget av en overlevering av byggekunstens hemmeligheter, slik de innvielser vi finner i dagens frimureri, som også har tre innledende grader med samme titler.

Selve tempelet formål var å huse Paktkisten, det Hellige av Det Hellige, som skulle inneholde de to stentavlene hvorpå Moses meislet inn de ti bud han mottok på Sinai, Arons Stav og en bolle med Manna[58]. Tempelets plantegning var identisk med Tabernakkelet Moses førte igjennom ørkenen, da jødene forlot sin fangenskap i Egypt.

Tempelet var og er et symbol på mennesket og verdens åndelige oppbygning, og således et avbilde på det guddommelige: fra

---

58 Manna, blir ofte omtalt som en mystisk og guddommelig substans som livnærte Moses og jødene på sin flukt fra Egypt. Særskilt alkymien og rosicrucianismen omtaler denne substansen utførlig. Manna er egentlig en gresshoppeart, er fullt spiselig, og forekommer i Palestina selv i dag.

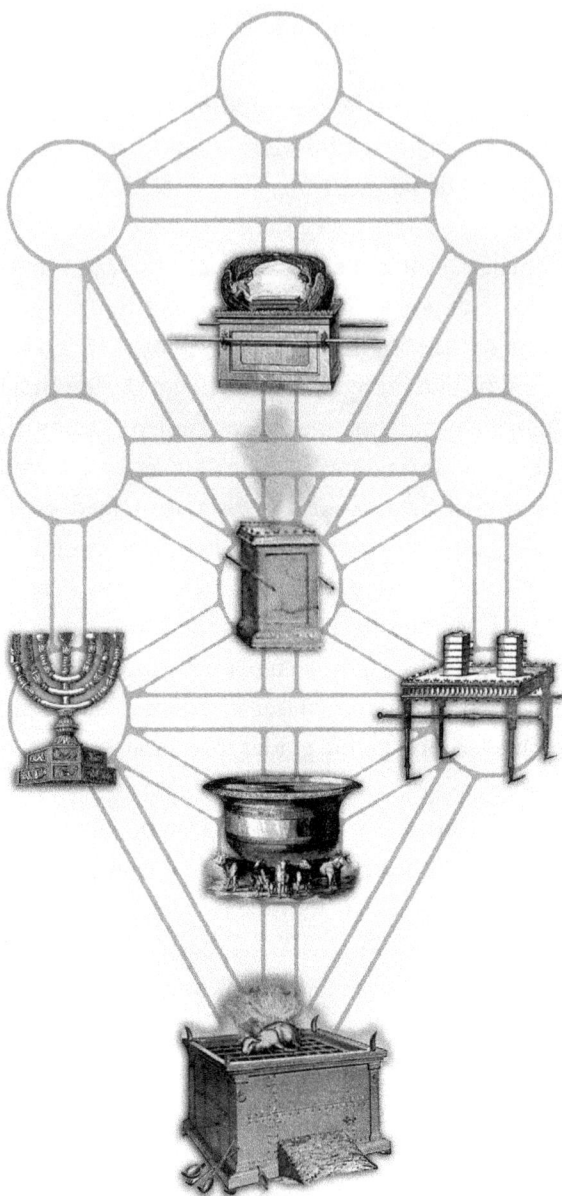

Tempelets Forgård og Helligdommer
Vist som avbildning av Livets Tre

offeralteret i forgården, de to pilarene på fremsiden, til kjerubene som voktet paktkisten hvor Gud hadde sin tilstedeværelse i det Aller Helligste.

Disse helligste av relikvier fra jødedommens rituelle formasjonstid, har preget all senere ritualisme i vesten, og vi kan derved finne direkte paralleller mellom dette åndelige bygget og Livets Tre, som vil bli tydelig i Del 3 om man sammenligner dem.

Brennofferalteret og bronsehavet i Tempelets forgård, er et billede på to forberedende stadier den søkende må igjennom før en kan tre inn i helligdommen.

Brennofferalteret, hvor man ofret dyr til Herren, er et tegn på at man først må hellig- og tilintetgjøre ens dyriske natur.

Etter dette, vasket og renset mann sitt legeme i bronsehavet slik at ingen jordslighet, støv eller urenhet skulle bli med en inn, da en gikk mellom de to søylene ved Tempelets inngang.

Da man var tredt inn i det Helligste, stod man fremfor tre helligdommer: På venstre side den syvarmede lysestaken; Menorahen, som var et bilde på den evigbrennende hellige flamme som forseglet Binahs 50 porter - den endelige innsikt som Moses ikke klarte å skue hinsides den brennende busken.

Skuebrødsbordet som stod ovenfor det var et tegn på lønnen for det arbeidet man mottok i sitt åndelige arbeid, og gjæret i den kimen til den Hemmelige Visdommen; Chockmah Nishtorah.

Etter disse; stod røkelsesalteret, hvor yppersteprestene sa sine bønner. Dette var et bilde på den tause og uopphørlige bønnen som steg fra de helliges hjerter og opp til det himmelske.

Her kom skillet mellom det Helligste, og det Aller Helligste; hvor paktkisten stod; et florlett slør, hvor man såvidt kunne skimte hva som lå bakenfor det.

Dette sløret ble kun gått igjennom én gang i året, og da bare av yppersteprestene for det utvalgte folk. Det var det samme slør som revnet da jesus døde på korset, forteller evangeliene.

Paktkisten med sine helligdommer, var og er et tegn på Shekinah Guds hellige tilstedeværelse. Det lyset som er i verden, og i mennesket bak det synliges slør.

Tempelet ble ødelagt og gjenoppbygget ved tre anledninger. Siste gang det falt var i år 74. Flere ordener, og da særskillt frimurerne har i sitt åndelige arbeide dette som sinnbilde på en indre gjenreisning av mennesket, og den helligdommen som er forvart i det.

Sammenføyningen av praktisk og åndelig arbeide førte til slutt til en splittelse innen laugsystemet. Flere loger valgte etter hvert i renessansen å forlate det praktiske arbeidet, og utelukkende fokusere på det indre og teoretiske, bedre kjent som det *spekulative* frimureri. I 1717 ble de to hovedlogene i England, bedre kjent som The Ancients, og The Accepted samlet under "the United Grand Lodge of England."

Disse blir ansett som den eldste sentrale autoritet innen frimureriet når det gjelder godkjennelse av Stor- og enkeltlosjer.

U.G.L.E godkjenner i hovedsak kun de tre opprinnelige frimurergradene, som nevnt over: Lærling, Medbroder, og

Mester, men i 1700-tallets Frankrike dukket det opp flere såkalte "høygradsriter", som formiddler grader utover disse tre.

Av de tidligste toneangivende var det tyske systemet 'Strickte Observanz', som fremmet forbindelsen til Templarene som frimureriets sanne utspring.

Som motvekt var det mindre kjente 'Elus Cohens' -de utvalgte prester, som hevdet at sannhetens kilde hadde sitt utspring i Guds levende tilstedeværelse i mennesket.

Et fremtredende medlem av denne ordenen, Jean-Baptiste Willermoz, reformerte den tyske riten, og gjenetablerte der tanken om at den ytre form og farkost innvielsestradisjonen benytter seg av, er sekundær til dens evne til å gjennreise mennesket til dets åndelige opphav.

Det er dette systemet, Regime Ecossais Rectifié, eller 'Det Rektifiserte System' som er opphavet til det skandinaviske frimureri som praktiseres i Norge i dag.

Viktigst for oss i denne sammenheng er at frimureriet har fungert som formiddler for både innvielse som en egen institusjon, ved siden av det åpne samfunnet, samt en esoterisk lære og symboltolkning som er nært beslektet med kabbalismen.

Vi kan også takke frimureriet for dets funksjon som protektor og fartøy for andre mysterieskoler, når disse har vært truet av yttre farer som inkvisisjon, fascisme, krig og frykt for det ukjente.

HERMES TRISMEGISTUS

Når vi nærmer oss det 15 århundre, begynte kirken å miste sitt monopol på filosofi, vitenskap og sannhet. Fra middelalderens mørke reiste menneskeheten seg for å gå inn i en ny tid, da ikke lenger vatikanets hevnlystne Gud stod i sentrum, men mennesket selv. Denne nye perioden var renessansen.

Et av de viktigste kultursentrene for denne nye impulsen var Firenze i Italia. En egen republikk og bystat som var styrt av den mektige Medici-familien. Overhodet for denne familien, Cosimo de Medici, var betatt av en serie med tekster han hadde fått tak i, skrevet av den samtidige heretiske filosofen fra Bysants, George Gemistus, også kjent under navnet Plethon. Disse hadde kommet til Firenze under en slags konferanse i 1438 da Patriarken av Konstantinopel (en Greskortodoks ekvivalens av Paven) sammen med den Bysantinske Keiseren ankom for å prøve å skape en bro mellom den Ortodokse og den Katolske kirke. Med seg hadde de over 650 lærde og geistlige, som igjen hadde medbrakt et utall av greske kristne og hedenske tekster, blant annet Platon, som ikke hadde vært kjent i vesten siden før middelalderen.

Plethon skrev åpent og kritisk mot kristendommen, og opphøyet de klassiske greske filosofene som Platon og Aristoteles var. Cosimo de Medici, som var en rettferdig og lærd regent som satte høy pris på kunst å kultur, ble så fascinert at han ansatte en protegé, Marsilio Ficino, og gav ham i oppgave å spore opp flere platonske tekster, noe han også gjorde. Cosimo var i fyr og flamme, og satte seg etter hvert fore å bygge opp et Platonsk

Hermes Trismegistus

Holdende verden i sin hånd, og mestrende alle kunster.

akademi, i tråd med det som en gang hadde vært i Athen. Ficino kjøpte angiveligvis sine tekster direkte av Plethon, som også ble tilbudt en stilling ved Cosimos kommende akademi. Han takket nei, og Cosimo tok det svært tungt da Plethon i 1439 dro hjem til Bysants.

Cosimo ga derimot ikke opp, og sendte speidere ut i østover for å få tak i så mange tekster de kunne. Han så det som sitt personlige kall å gjøre Firenze til platonismens nye hovedstad, og hadde til slutt over 10.000 tekster i sitt bibliotek i San Marco. Akademiet han hadde bygget vokste gradvis, og da Tyrkerne i 1453 tok Konstantinopel kom det en hærskare med lærde som søkte tilflukt i Ildnze.

Ettersom Cosimo selv ikke kunne gresk, satte han Ficino til å oversette dem for seg, og kastet seg med brennende nysgjerrighet over hvert eneste volum så snart de var klare. En dag i 1460 derimot, ga Cosimo alle sine oversettere øyeblikkelig ordre om å stanse alt arbeid med Platon, og konsentrere seg om et kompendium tekster fra 1000-tallet, som ble oversatt til Corpus Hermeticum[59].

De femten traktatene til Corpus Hermeticum, sammen med Den Perfekte Preken, eller Asclepius, danner grunnlaget for den såkalte Hermetiske tradisjonen. De er antatt å ha vært skrevet av en ukjent gruppe forfattere i Egypt en gang før det tredje århundre, altså I begynnelsen av synkretismen. På dette tidspunktet florerte det med tekster attribuert til den mytiske figuren *Hermes Trismegistus*[60], en slags hellenistisk fusjon mellom den greske guden Hermes og den egyptiske Thoth, som

59 Lat: "Det Hermetiske Verk"

60 Lat: "Hermes den Trefoldig Store"

var gudenes skribent, og vokteren over vitenskap og magi, samt astrologien og alkymiens kunst.

Denne litteraturen stammer fra det samme filosofiske grunnlag som formet neoplatonismen, kristendommen, og den høyst esoteriske kristen-heretiske tradisjonen gnostisismen, som vi kan finne spor etter i Bahir.

Corpus Hermeticum foreligger nå for første gang oversatt i sin helhet til norsk av Rune Ødegaard, på Krystiania forlag.

Teksten gjengitt her, *Smaragdtavlen*, skal angiveligvis være eldre en de øvrige traktatene, skjønt den er mest sannsynlig et alkemisk verk, fra senmiddelalderen. Den har vært en sentral tekst i den vestlige mysterietradisjonen i over 500 år, og presenteres her også fordi den samenfatter Corpuset i en svært konsis og poetisk form.

Smaragdtavlen

Det er Sant, Sikkert, og uten Uvisshet, at det som er Under er lik det som er Oven, og at det som er Oven er lik det som er Under; for å fullføre det Ene Store Arbeid.

Som alle ting stammer fra den Ene, Eneste Ting, fra Viljen og Ordet til den Ene, Eneste Ene, som skapte det i sitt Sinn, slik skylder alt sin eksistens til denne Enhet ved Naturens Orden, og kan foredles gjennom å vende seg mot dette Sinn.

Dens Fader er Solen; dens Moder er Månen; Vinden bærer den i sin buk, og Jorden er dens pleierske.
Denne Ting er Far til alt fullkomment i denne verden.
Dens Kraft er perfeksjonert når den igjen har blitt forvandlet til Jord.
Skill Jorden fra Ilden, det subtile fra det grove, men forsiktig og med stor dømmekraft og ferdighet.

Den stiger opp fra Jorden til Himmelen, og stiger så atter ned til Jorden, født på ny, nå bærende i seg kreftene fra Oven og Under.
Således vil hele verdens prakt bli din, og alt mørke vike for deg.

V.I.T.R.I.O.L
Visita Interiora Terra, Rectificando Invenies Occultum Lapidem
"Besøk Jordens Indre, i Rektifiseringen vil du Oppdage den skjulte Sten"

DETTE ER DEN MEKTIGSTE AV ALLE MAKTER, KRAFTEN OVER ALLE KREFTER.

FOR DEN OVERGÅR ALLE SUBTILE TING OG KAN GJENNOMTRENGE ALT GROVT.
FOR SLIK BLE VERDEN SKAPT, SAMT MANGE SKJELDNE SAMMENSETNINGER, OG UNDER AV MANGE SLAG UTFØRT.

DERFOR KALLES JEG HERMES TRISMEGISTOS, MESTEREN OVER VISDOMMENS TRE DELER, VERDENS VISDOM. HVA JEG HAR Å BERETTE OM DEN ALKYMISKE KUNSTS MESTERVERK; SOLENS VERK, ER NÅ FULLENDT.

Disse traktatene ble mest sannsynlig samlet i Bysants, og videre ført til Firenze hvorfra den skulle bli en viktig impuls for all esoterikk. Teksten er formet som en serie med dialoger, oftest mellom Gud, Hermes en spirituell autoritet, og Asclepius, en student, og omhandler forskjellige former for eksistensielle spørsmål, og lovmessigheter rundt planetene, tilværelsen, menneskets natur og dets forhold til Gud.

Corpus Hermeticums popularitet eksploderte midt iblant filosofene i rennessansen, og man trodde nå at man hadde funnet de urgamle egyptiske mysteriene. De hermetiske tekstene ble også feilaktig antatt å være essensen av de gamle egypternes religion, noe som ble trodd helt frem til 1700-tallet. Det hermetismen derimot representerte, var en syntese av de gamle mysterietradisjonene fra synkretismen i Egypt, og ettersom de var monoteistiske i sin natur, skulle de bli en essensiell del av både ny-jødisk, kristen og islamsk mystisisme i den kommende tiden helt frem til i dag.

Kabbalismen hadde blitt adoptert av flere kristne i begynnelsen av 1400-tallet, samtidig med at mange jøder konverterte til kristendommen, og brakte sin teologiske bakgrunn inn i den unge verdensreligionen. En av de første store kristne kabbalistene var hermetikeren Pico Della Mirandola (1463-94), som arbeidet for Medici familien, og satte seg som mål å få kabbalismen akseptert i den kristne verden som det han beskrev som "nøkkelen til å forstå Platon, Pytagoras og katolisismens innerste hemmeligheter". Hans studier og oversettelser av gamle tekster resulterte i en samling på 900 teser, som skulle, ved bruk av kabbalistisk teologi gi beviser for at Jesus fra Nazareth var Guds sønn, og at Treenigheten var en guddommelig og evig sannhet.

Resultatet når disse tekstene ble lagt fram i Roma, var en sensasjonell bølge av interesse for esoterikk, en sermoniellmagisk bruk av guddommelige navn og praktisk Kabbalah i den kristne intellektuelle verden. Mirandolas verk, og de til hans elev Johannes Reuchlin satte med andre ord kabbalah og teurgi[61] i et nytt og akseptabelt lys.[62]

Sammen med Templarenes og Frimurernes tradisjon, som også bar preg av Hermetismen og den alkymiske tradisjonen den var en del av, dukket det etter hvert opp en serie av ordner og hemmelige samfunn i Europa, noen kristne, noen anti-kirkelige, andre frireligiøse, som alle hadde som formål å vekke den menneskelige trangen etter det åndelige som kirken hadde undertrykt i så mangfoldige år.

En slik orden som skulle ha en stor innvirkning på utallige kunstnere, vitenskapsmenn, filosofer og mystikere frem var Rosenkreutzerne. Men, hvilke hemmeligheter besatt disse ordenene som kunne rokke ikke bare ved samfunnet, men også enkeltmenneskets åndsliv?

---

61 Gresk: Gudearbeide; magi med det mål å utvikle mennesket.

62 Gershom Sholem "Kabbalah"

ABRAMELIN

Abramelins Bok, forteller historien om en egyptisk magiker, ved navn Abramelin, eller Abra-Melin som lærer bort et magisk system til Abraham fra Worms, en tysk kabbalist som levde fra c.1362 til 1458.

Denne boken gjenvant sin popularitet i det 19 og 20 århundre takket være S. L. M. Mathers' oversettelse "The Sacred Magic of Abramelin the Mage" (se kapittelet om Golden Dawn").
Boken består av fire deler, og starter som en selvbiografi, hvor Abraham fra Worms forteller at dens magiske instruksjoner er hans arv til sin sønn Lamech, siden hans andre sønn fikk den Hellige Kabbalah av ham. Historien Abraham forteller, er om hans reiser igjennom Europa på søken etter en metode å nå forening med det guddommelige, og hans mange skuffelser i møtet med sjarlataner og bedragere, men også drømmere og mislykkede søkende.

Til slutt reiser han til den egyptiske byen Arachi, ved Nilens grenser, hvor han har blitt fortalt at magikeren Abramelin bor, på en liten høyde omkranset av en hage.
Abramelin gjenkjenner Abraham som en oppriktig sannhetssøker, og tar ham i sin lære, for å formidle ham en mektig magisk praksis som skal gi ham det han søker, om det er Guds vilje.

Abraham beskriver sin læretid som hard, men også oppfyllelsen av alt han søkte; Abramelin var for ham en snill og imøtekommende lærer, som i sin alderdom og visdom lærte ham kunsten.

Alle forberedelsene Abraham gikk igjennom var rotfestet i gudfryktighet, et velregulert liv, og forsakelsen av ondskapen som følger av begjær etter gods og rikdom, alt det verdslige.

Til gjengjeld krevde Abramelin at hans student skulle forsake alle falske dogmer om menneskets trelldom, og begynne å leve "i Guds lov og Vei". For dette gav han Abraham to manuskripter han skulle skrive av, og ba ham om ti gullfloriner, som han delte ut til de 72 fattige i Arachi.

Femten dager senere, etter å ha gitt fra seg almissene, vendte han tilbake, og avkrevde en ed av Abraham, om at han skulle tjene og frykte Gud, og leve og dø etter hans Hellige Lov.

Etter dette skjenket han Abramelin den Guddommelige Kunst, og den Sanne Magi som lå skjult i manuskriptenes sider, som han skulle etterleve og kun gi til dem han kjente godt.

Abraham vendte så hjem for å fullende denne magiske operasjonen, og lærte den videre til sin sønn.

ABRAMELINS OPERASJON

Andre del av Abramelins bok omhandler thaumaturgiske ritualer mageren kan gjøre når han har fullført operasjonen i sin helhet, og beskriver ritualer for helbredelse av de syke, lindring av sorg, og hvordan forstå skjulte og hellige mysterier.

Den tredje delen er en beskrivelse av forberedelsene og utførelsen av den egentlige operasjonen. Dette er et utførlig ritual, som har til hensikt å gi magikeren "kjennskap til, og samtale med den Hellige Skytsengel", eller genius som det ofte blir kalt i andre tradisjoner.

Forberedelsene er omstendelige, vanskelige og lange: forskjellige manuskripter foreskriver forskjellige lengder for dem, men de fleste oppgir tiden til å være 18 måneder.

Utdrag fra et manuskript datert 1608 som gir
instruksjoner for hvordan dekode Abramelin-Operasjonen.
Blant annetskal teksten deles inn i kolonner,
der hvor tredje avsnitt senker seg ved to anledninger.

I denne perioden skal magikeren leve et ordentlig og ryddig liv, avsondret fra verdslige sysler, men uten å forsømme sin familie og sitt arbeide. Han skal studere hellige tekster, og rense sin sjel ved å avstå fra formørkende følelser og tanker.

Han skal be daglig før soloppgang og etter solnedgang om tilgivelse for de feil han har gjort i sitt tidligere liv, og om at Gud og hans engel må komme til ham. Abraham presiserer at denne bønnen må skrives av magikeren selv, og besjeles av hans eget begjær etter det hellige, slik at han ikke bare blir "nok en papegøye" som lar seg lede av andre, med tomme ord.

Videre skal han i livet utvise kyskhet, avstå fra rusmidler, og foreta sine forretninger med uomtvistelig rettferdighet. Etter denne tiden, tiltar arbeidet i intensitet, og magikeren skal nå velsigne alteret, staven, lampen, kledningen og rommet som operasjonens klimaks avstedkommer i den siste uken.

I tre dager isolerer magikeren seg nå, og ber om at hans Hellige Skytsengel skal komme til ham, og instruere ham i hva han har gjort feil tidligere i sin søken, hva han egentlig er, og hva han skal gjøre resten av sitt liv. På den tredje dagen inntreffer dette, og sløret mellom magikeren og engelen er borte for alltid. De to, som har vært knyttet siden sin tilblivelse vil fra da av alltid være følgesvenner igjennom livet, og arbeide sammen i Guds lys.

På den sjette dagen, begynner den andre delen av arbeidet. Kronet med foreningen med sitt hellige motstykke, skal magikeren nå påkalle Helvetes Konger og Hertuger: Lucifer, Satan, Leviathan og Belial, samt deres undersåtter, og stadfeste sitt herredømme over dem. Dette avstedkommer slik den Hellige Skytsengelen foreskriver for den enkelte magiker hvordan dette skal gjøres, og demonenes navn nedtegnes etterpå med navn og segl som binder dem. Derved skal de ikke lengre ha noen makt over magikerens liv, eller for dem han ber for i Guds navn.

På grunn av at dette arbeidet involverer denne demonpåkallelsen blir ofte Abramelinoperasjonen sammenlignet med praksiser fra europeiske grimoarer, eller svartebøker. Dette er svært feilaktig, da det klart fremgår av teksten selv at dens hensikt ikke er blott herredømme over falne krefter, eller egen vinning ved disses tjeneste, men i sannhet et kabbalistisk mål: Å tre nærmere det Hellige og Evige.

Operasjonen skiller seg fra andre praksiser på flere måter: Abraham skriver at alle guds skapninger som ønsker å utføre det hellige arbeidet kan gjøre det. Han presiserer at det også skal være tillatt for kvinner, og dem som ikke er jøder. Dette er svært oppsiktvekkende og framsynt fra en kabbalistisk tekst som daterer seg selv fra 1458, og understreker hvilke åndelige og åpne holdninger som ligger til grunne fra dens kilde.

Abramelins bok, ble som tidligere nevn oversatt og brakt frem i dagen igjen av S.L. Mathers, men dessverre fra en svært fragmentert og mangelfull utgave. I vår tid har en ypperlig engelsk oversettelse blitt fremlagt av Georg Dehn og Steven Guth, basert på de eldste og mest komplette kildene, betraktet med både åndelige så vel som akademiske øyne. Dehn tilskriver bokens forfatterskap til den kjente Rabbi Yaakov Moelin, וב בקעי מושה מילוין. som levde i Worms fra 1365–1427.

Boken har aldri tidligere vært utbredt i uinnvidde kretser, men har beveget seg som en strengt forvart hemmelighet i lukkede samfunn og mystiske ordener.

ROSENKREUZERNE

I 1610 publiserte en krets av tyske mystikere en legende, som for all ettertid skulle inspirere og forvirre mystikere og historikere like fullt. Denne teksten satte hjertene i brann hos dem i europa som lengtet etter en ny opplysningstid, fri fra vatikanets og kongemaktens svøpe, hvor Gud og mennesket ikke lengre skulle leve i et tilmålt forhold diktert av dem med verdslige prydelser om halsen, men av mennesket selv.

Denne teksten var 'Fama Fraternitatis', eller 'Broderskapets Berømmelse' og ble trykket på flere språk i 1614, først av Adam Haselmayr, som ble sendt på galeien for å bidra til spredningen av tekstens oppmanende innhold.

Fama fortalte om et hemmelig broderskap, stiftet av 'Fader R.C.', av ettertiden tolket til å stå for Christian Rosen-Creutz. Fader R.C. blir fortalt å ha reist land og strand rundt i sin ungdom, blant annet til Egypt, Jerusalem og Tyrkia, hvor han ble opplært i magi, alkymi og kabbalah.

Denne kunnskapen han samlet på sine reiser tok han så med hjem for å spre dens lys i Europa. Her ble han møtt med splid og hån av samtidens lærde. Oppgitt dro han så tilbake til Tyskland, hvor han startet sin egen orden, et broderskap dedikert til å forpakte det han hadde blitt gitt. Dette broderskapet skulle bli kalt rosenkreutzerne, brødrene av rosekorset. Fama forteller at de hadde følgende regler som hver og en av dem måtte avsverge:

Blad fra Geheime Figuren der Rosenkreuzer
Altona 1785

1. At ingen av dem skulle ha som virke annet enn å kurere de syke, og det gratis.

2. Ingen av dem skulle bli tvunget til å bære en særegen form for kledning, men følge sitt hjemlands skikker i så henseende.

3. At hvert år, på dagen C. skulle de møtes ved huset Sancti Spiritus, eller berette sin grunn til fraværelse.

4. Hver Broder skulle se seg om etter en verdig person som, etter sin død, kunne etterfølge ham.

5. Ordet R.C skulle være deres segl, merke, og karakter.

6. At Broderskapet skulle holdes hemmelig i 100 år.

Teksten er svært pro-reformatorisk i sin oppbygning, og det påfølgende manifest, som ble gitt ut i 1615, "Confessio Fraternitatis", erklærte paven for å være selve antikrist, som hadde trampet på menneskets åndelige frihet i århundrer.

Tekstene vekket hysteri i hele Europa, og høytstående personer brukte opp gård og grunn i forsøket på enten å kontakte ordenen for å bli opptatt, eller for å sverte den offentlig, og anklage disse "usynlige brødre" for mer eller mindre det samme Templarene hadde fått igjennomgå.

Feberen roet seg etter hvert, men selv i dag svirrer det like mye romantikk rundt brødrene av R.C., som det gjør rundt Tempelridderene.

Et utall av dagens ordener hevder å være direkte avstammninger fra den sanne opprinnelige orden, om denne noen gang har eksistert, og samtlige har de egne historier om hvordan dette har foregått, og om hvem Fader R.C. egentlig var. På den andre siden har vi også dem som hevder at broderskapet aldri har eksistert, og at manifestene ikke nødvendigvis en gang har samme opphav.

Den første rosicrucianske orden man med sikkerhet vet har eksistert, var det tyske Gold und Rosenkreuz.

Første gang den blir nevnter er i en tekst skrevet av pastoren Samuel Richter, trykket i Berslau i 1710 under tittlen "Den Sanne og Fullkomne Forberedelse av Filosofenes Sten, av Broderskapet av Det Gylne+Rosekors".

Samuel Richter, bedre kjent under hans motto Sincerus Renatus den Oppriktig Gjenfødte, var en luteransk prest, som igjennom teksten utviser en dyptgående forståelse for både åndelig og praktisk alkymi, samtidig som den fremlegger broderskapets lovverk, som nå har vokst seg omfangsrikt, utover de første seks reglene fra Fama.

Richters orden vokste utrolig fort i 1700-tallets Tyskland parallelt med de overnevnte høygradsriter innen frimureriet. I 1767 skjedde det en reformasjon av riten, da under ledelse av Heinrich Fichtuld. Der det før kun hadde vært et enkelt opptak i ordenen, utført midnattstider i en kirke, var det nå et krav at man var frimurer "av Det Strålende Lyset". M.a.o Mestermurer, samt opptatt i en av Skottegradene hvor frimureriets kristne kilde ble presisert.
Ordenen fortsatte å vokse, og bredte seg ikke bare i esoteriske kretser, men også i adelsskapet. På slutten av 1700-tallet

skal det ha vært så mange som 500 medlemmer, en utrolig medlemsmasse, tiden tatt i betraktning, kun overgått av det konvensjonelle frimureri.

Det endelige klimaks i ordenens ekspansjon var når Prins Frederick-William II, nevø av Frederick den Store og arvtager til den preussiske trone ble innvidd den åttende august, 1781.

Det sies at han ble tildelt ordensmottoet Ormeus Magus, som henspeiler på en frimurer-legende om en egyptisk innvidd i Aleksandria, som skulle ha konvertert til den koptiske kristendommen i det første århundret, og ha innstiftet det kristne frimureri. Denne legenden har gitt gjenklang i esoterikken lenge etter dette, både i Memphis-, Misraïm-, Den Primitive Rite, Philalete-Riten, det Swedenborgske System og Den Strickte Observanz.

Broderskapets lære omfattet de klassiske rosicrucianske disipliner, som vi kjenner fra manifestene, som alkymi, magi, kabbalah, og esoterisk kristendom. I ordensarkivet forekommer det utallige klassiske verker som Aesh Metzareph, Homérs Gyldne Skinn, Knorr von Rosenroths "Kabbala Denudata" og Georg von Welling's "Opus Magnum Mago-Cabalisticum et Theologicum." En tekst, som tittelen sier, omhandler kabbalistisk magi og teologi[63]. Denne er av spesiell interesse, ettersom vi vet at Goethe studerte denne da han mottok sin alkymiske opplæring av dr. Metz og Fraulein von Klettenberg. Rudolph Steiner var også i besittelse av denne teksten, og hadde det som sitt esoteriske bakteppe da han selv opprettet sin egen Misraïm rite.

Ordens lære ble fordelt over et særegent gradssystem[64]:

---

63 Se ill. side 51

64 Sammenlignbart med ill. side 139, skjønt det hos GUR+K aldri var et sephirotisk system.

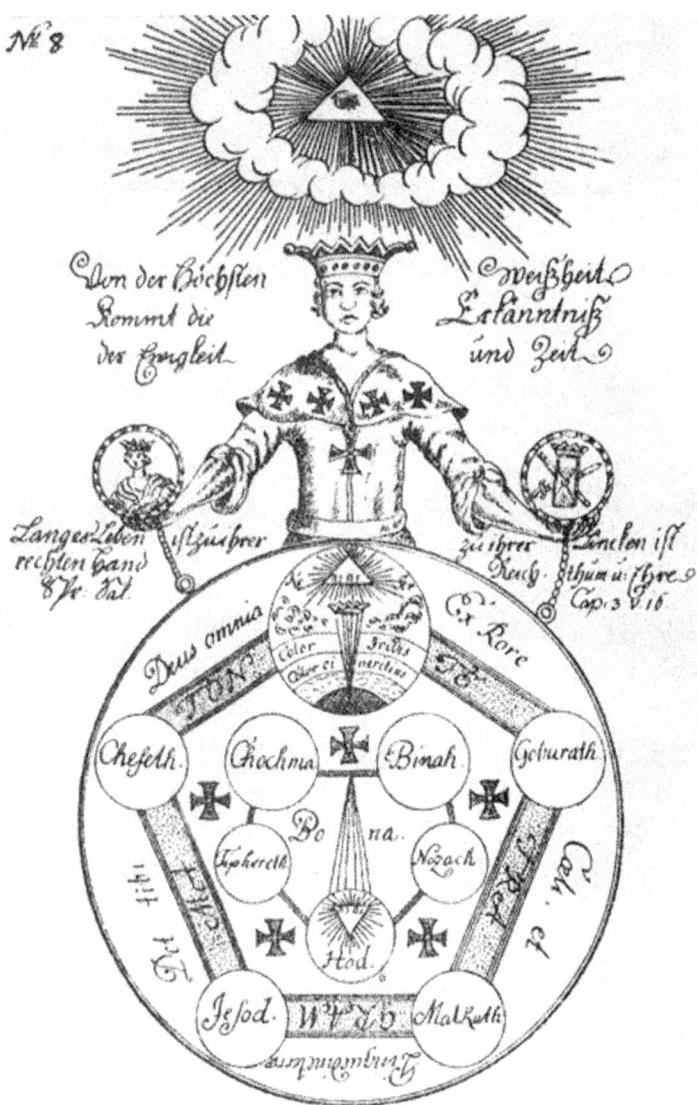

*Alkemisk operasjonsdiagram fra Gold- und Rosenkreuz
Legg merke til de sephirottiske navnene*

Denne gradsstrukturen fokuserte på å formidle alkemisk-kabbalistiske mysterier fra den laveste graden (Juniorus) og så videre frem til en indre orden, som begynte fra den femte innvielse, som Adept.[65] Her tiltok det alkemiske studiet, og nådde sitt klimaks da Adepten var rede til å lære den sanne kunst: Den Hellige Magi. Her ble ordenens to store hemmeligeheter formidlet: Ambramelinoperasjonen, og formelen for hvordan tilvirke og bruke Urim og Thummim.

Denne gradsstrukturen ble senere adoptert av Societas Rosicruciania in Anglia, S.R.I.A og videre av Hermetic Order of the Golden Dawn.

Golden Dawn, som vi kommer til i neste kapittel, er foruten Ordo Templi Orientis, kanskje den mest kjente ikke-frimureriske orden i vesten i dag.

Gold und Rosenkreutz selv, led under den uhellsvangre kombinasjonen av fanatisk og paranoid sentralledelse, med sin siste stormester Hans Georg Wöllner, som i sin høytid under Frederick William II, ble preussisk geheimratsleder. Blant hans omfattende sensurarbeide finner vi hans inkriminering av Immanuel Kant, da denne la frem sin bok Religionsfilosofi.

Flere skandaler og avsløringer fra misfornøyde medlemmer, som aldri fikk nå frem i gradene, gjorde at Wöllner erklærte et "Silenam" over ordnen i 1784, hvorpå ledelsen i Berlin forsvant for alltid. Utbrytere innstiftet da en ny orden under navnet Asiatichen Brüdern.
Ordenen spredte seg over store deler av Europa, også frem til Sverige ved begynnelsen av 1800-tallet.

---

65 Lat. Kyndig, Innvidd.

144

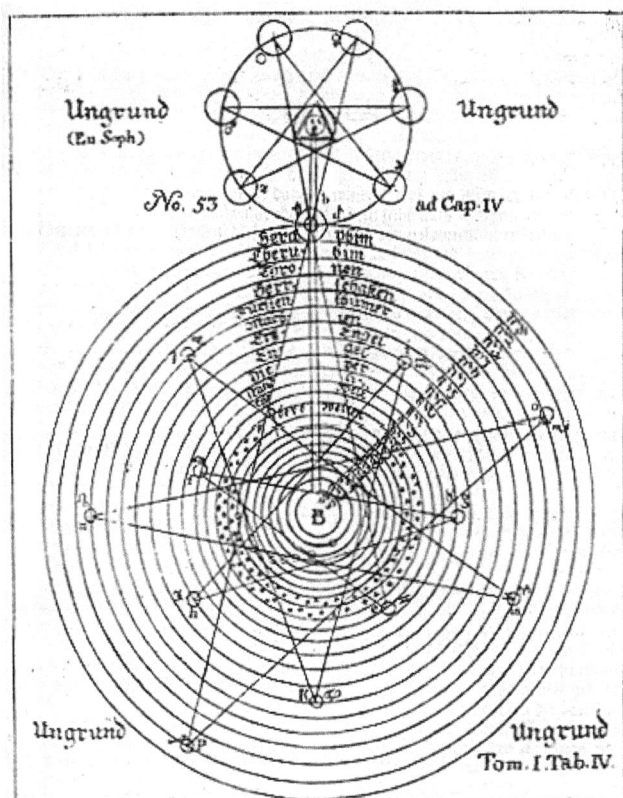

Kabbalistisk-Kosmologisk diagram fra Georg von Welling's
Opus Mago-Cabbalisticum 1784

HERMETIC ORDER OF THE GOLDEN DAWN

Hermetic Order of the Golden Dawn, eller 'den Hermetiske Orden av det Gyldne Daggry' ble opprette i London 1888 av tre frimurere; Samuel Liddell MacGregor Mathers, Dr. William Wynn Westcott og Dr. William Robert Woodman. Disse var alle medlemmer i Teosofisk Selskap, men fremfor alt var deres møteplass Societas Rosicruciania in Anglia (S.R.I.A).

S.R.I.A var en orden som krevde av sine medlemmer at de var Mester-Murere, og videreformiddlet til dem rosicruciansk, kabbalistisk og alkymisk kunnskap, endog i svært begrensede og konforme doseringer. Disse tre menn stiftet derfor Golden Dawn for å kunne praktisere en sammenfattning av den vestlige mysterietradisjon i én orden. Golden Dawns corpus bestod av en sammenvevd syntese av alkymi, kabbalah, magi, astrologi, tarot, astralprojeksjon e.t.c. Med andre ord, det man annså for å være den klassiske rosicrucianske læren, tilført ytterligere en del impulser fra hermetisme og teosofi.

Ordenens opphav er usikkert, men de tre frimurere hevdet at de var kommet i besittelse av et dokument skrevet i schiffer gitt dem av enken etter en broder av dem; Fred Hockley, som når det ble dekodet, ikke bare beskrev fem, muligens seks innvielsessermonier, samt esoteriske kunnskapsforelesninger bygget over samme lest og gradsystem som overnevnte Gold und Rosenkreutz, men som også gav William W. Westcott hotelladresseen til en Soror "Sapiens Dominabitur Astris", Fraulein Sprengel i Stuttgart, Tyskland, som kunne kontaktes som Chief-Adept eller Stormester, igjennom en medfølgende

146

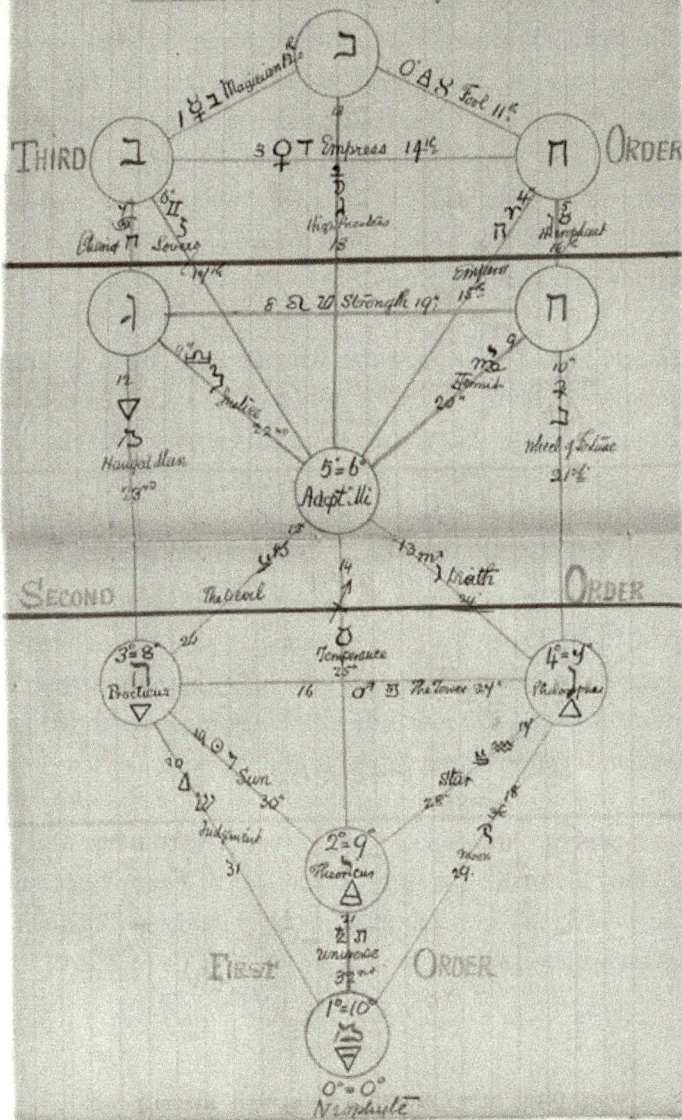

Diagram over Golden Dawns grader på Livets Tre
fra William Butler Yeats' dagbok

adresse, om dokumentet skulle bli tydet. Instruksjonene var skrevet svært hastig, og bar inntrykk av å være mer i skjelettform en fullstendige ritualer. Westcott overgav papirene til sin venn Mathers som var ferdig med en bearbeidelse av teksten til ferdige ritualer i 1887. Her hadde mann adoptert gradsnavnene fra Gold- und Rosenkreuz, men hadde i tillegg koblet hvert enkelt grad til et sephirot på Livets Tre. Med dette var den første kabbalistisk-magiske orden oppfunnet, som brukte treet som sitt bilde på menneskelig utvikling.

Westcott påstod å ha opprettet kontakt med denne Sprengel, men hvorvidt dette noensinne forekom, eller om i det hele tatt dette manuskriptet ikke var konstruert av ham selv eller Hockley, er til dags dato et omstridt spørsmål.

I denne korrespondansen, forfalsket eller ei, forteller Sprengel at det finnes et kontinentalt moder-tempel som bar navnet "Licht, Liebe, Leben No.1[66]." Det nevnes også at det har eksistert et tempel i England, Hermanubis No. 2, men at dette aldri hadde gitt lyd fra seg etter å ha blitt konstituert av moderlogen i Tyskland. Senere forskere påstår at dette tempelet ble drevet av Hockley og Woodford samt nok en S.R.I.A-veteran ved navn Kenneth MacKenzie, og at det var disse som egentlig gav Westcott, Mathers og Woodman patentet til å åpne Isis-Urania Tempelet Nr. 3 i 1888, skjønt de hevdet at denne godkjennelsen kom fra Sprengel selv.

---

66 Tysk: "Lys, Liv, Kjærlighet" –Et klassisk Rosicruciansk motto som stammer fra Heinrich Kunranth.

SAMUEL L. M. MATHERS

Offesielt sett, og ovenfor de senere medlemmer i ordenen, ble et patent for opprettelsen av Isis-Urania Tempelet No. 3 utstedt av broder "Deo Duce Comite Ferro" -et av Mathers' motto, "Sapiens Dominabitur Astris" -Fräulein Sprengel og "Vincit Omnia Veritas" –Woodman, i kraft av deres embedter som 7=4 Adept og ledere for Andre Orden. Mathers, Woodman, og Westcott ledet tempelet.

Da ordenen var vel etablert vant den enorm populatritet på svært kort tid, og det ble opprettet templer over hele England, samt i Frankrike, Skottland og nordamerika. Den var åpen for alle, uberoende på kjønn, rase og religiøs overbevisning, endog måtte søkende være villige til å jobbe med kristen symbolikk. Trass åpenheten var medlemsskapet svært dyrt etter datidens regning, og ordenen bestod derfor hovedsakelig av overklassen og den intellektuelle eliten, så som William Butler Yates, Florence Farr, Arthur Machen, Arthur Edward Waite, i en kort periode Gerrard Encausse (Papus) og ikke minst Aleister Crowley.

Ordenen var delt inn i tre klasser: Den yttre orden bestod av forberedelsesgraden 0=0 som på mange måter kompenserer for mangelen på de tre frimurergrader, som var medlemskrav i Gold und Rosenkreutz, til og med 4=7. Andre orden, som bar navnet Rosae Rubeae et Auraea Crucis[67] var fra 5=6 til 7=4, og den Tredje Orden, iflg. Mathers bestående av "de skjulte mestre" gikk under navnet Astrum Argentum.[68]

---

67 Lat: Den Røde Rose og det Gyldne Kors

68 Lat: Sølvstjernen

Samuel Liddel MacGregor Mathers

I Første Orden, Golden Dawn per se, ble aspiranten innvidd i forskjellige esoteriske Hermetiske disipliner, samt mengder av klassisk esoterisk viten, fra forskjellige kulturepoker og mytologier. Dette ble betegnet som elementgradene, hvor aspiranten gjennomgikk en renselsesprosess som forberedelse til Andre Orden, den egentlig rosicrucianske. Her ble denne kunnskapen satt ut i virke igjennom sermoniellmagi.

Ordenes overordenede mål var å skolere den søkende, og forberede ham på det virkelige arbeidet som møtte ham i den indre orden. Her skulle han eller hun, ved hjelp av sin tilegnede initiatoriske så vel som intellektuele kunnskap, og i kraft av sin teurgiske skolering kunne beherske samtlige av de krefter som regjerer over naturen og i mennesket,[69] og stålsette disse slik at han kunne få kunnskap om, og samtale med, sitt Guddommelige Jeg.

Mathers og hans kone Moina, viet hele sitt liv til ordensarbeidet, og var derfor avhengige av ekstern økonomisk støtte for å kunne overleve. Annie Horniman, en av Englands rikeste kvinner og en tidig Adept med mottoet "Fortiter et Recte", var deres hovedsponsor. Dette skulle derimot ta slutt i 1896, da Horniman så seg lei av Mathers' fascinasjon for kelterne, og hans dertil nasjonalistiske tendenser. Mathers, som skiftet navn til MacGregor Mathers, provoserte Horniman, og da han i tillegg irettesatte henne for hennes kritikk av et ordensmedlem, Dr. Berrige's spekulasjoner rundt de indre seksuelle aspektene rund kabbalismen og esoterikk for øvrig, kokte det over for henne, som anså hele saken for skandaløs og usedelig, og kuttet til slutt all støtte til ekteparet Mathers.

---

69 Se oversikt i avsnittet om Sepher Yetzirah, samt om de Fire Elementer.

Denne konflikten vakte uro i London-tempelet Isis-Urania, og det ble stilt spørsmål ved Mathers' integritet og lederevne. Mathers responderte på denne mistroen ved å utstede et manifest, hvor han søkte å styrke sin lederposisjon hvor han beskriver sin påståtte kontakt med de hemmelige lederene for den Tredje Orden. Kom i hu at Mathers ikke gjorde krav på høyere grad en 7=4, noe som plasserte ham kun på terskelen til denne.

Året etter, 1897 avtrådte både Horniman og Mathers' medstifter William Wynn Westcott fra alle sine verv innen ordenen, endog fortsatte Westcott sitt medlemsskap mens Hornimann brøt kontakten for alltid. Westcotts årsak var at han på denne tiden var rettsmedesiner for hele vest-london, og presterte å legge igjen en mappe med ordenshemmeligheter i en taxi. Papirene ble funnet, med hans navn på, og de Britiske myndighetene ble gjordt oppmerksomme på at denne høytragende samfunnssøylen var en okkultist, og beskjeftiget seg med det "overnaturlige".

Det har senere blitt spekulert i hvorvidt denne skandalen ble instigert av Mathers, noe som er ubeviselig, endog ikke usannsynlig, med tanke på det videre hendelsesforløpet.

Mathers slet kontinuerlig økonomisk, og nektet å ta Hornimann tilbake i ordenen, selv om han trengte finansiering til sitt siste bokprosjekt, oversettelsen av middelalder-boken "Den hellige Magi av Abra-Melin", som nevnt tidligere. Mathers hadde aldri sett boken før den i sin ufullstendige form ble fremlagt for ham i Bibliothèque de l'Arsenal. Funnet var for ham pivotalt, og det er takket være ham at operasjonen er så viden kjent som den er i dag. Han besluttet etter oversettelsen å begynne operasjonen for å oppnå kontakt med det Gudommelige Selv, eller Den Hellige

Skyttsengel som det blir kalt i boken.

Dette arbeidet ble avbrutt når Mather's nye Patrón, en Mr. Gardener, også en ordensbror, ble kastet ut i et forsøk på å advokere Hornimans sak.

Mathers flyttet så til Paris, for der å ta seg jobb hos slektninger av sin kone, nå som konservator i et bibliotek, samtidig som han kunne arbeide i ro i det lille Ahatoor No.7 Tempelet der.
I London økte derimot motviljen mot Mathers, og den berømte skuespilleren Florence Farr ble satt som leder for Isis-Urania Tempelet. Hun forfattet i sin misnøye et brev til Mathers hvor hun bad ham om å få tre av, samt tillatelse til å stenge tempelet fullstendig. Mathers responderte med et rasende brev, hvor han utover å nok en gang befeste sin stilling som ordensleder, anklager Westcotts korrespondanse med Sprengel for å være falsk. –Det var kun Mathers selv som nå hevdet å være i kontakt med den tredje orden.

Da Westcott ble konfrontert med dette, nektet han å svare for seg, og det hele resulterte i at London-Tempelet fornektet Mathers som Ordenens overhode den 23. mars 1900.

Mathers i Paris godkjente ikke London-tempelets rett til å gjøre dette, og sendte Aleister Crowley, som da var en av hans nærmeste disippler, for å kreve tilbake tempelet, og love amnesti til alle som ville være trofaste mot ham i Paris. Crowley stormet retterlig tempelet, iført maske og MacGregorklanens kiltfarger, kledd som en keltisk kriger. Han ble kastet ut like fort som han kom inn.

Hermetisk Rosekors fra Golden Dawn
Legg merke til den Yetziratiske rosen i midten

Crowley ble, sammen med Mathers, ekskommunikert av London-Tempelet. Det skulle vise seg at det kun var Isis-Urania Templet som ønsket dette bruddet. De øvrige templene fortsatte å være lojale mot Mathers som rekonstituerte ordenen under navnet "Rosicrucian Order of Alfa et Omega" i 1910. Berrige, som ledet sin egen rivaliserende gren tok også dette navnet, urettmessig, mens de ikke-lojale templene døde ut. Fra A.O.'s hovedkvarter blomstret ordenen på ny opp, og flere templer ble oppstartet, frem til Mathers døde av spanskesyken i 1918. Han overlot driften av ordenen til sin kone Moina, som vanskjøtte den, og var den endelige medvirkende årsaken til dens kollaps.

Før MacGregor Mathers gikk bort, fikk han endog lederene for de forskjellige fraksjonene til å møtes i et felles råd om hvordan ordenenes fremtid skulle se ut. Tilstede var den berømte historikeren Arthur Edward Waite, som hadde startet sin "Holy Order of the Golden Dawn" og Dr. Felkin, som senere skulle bringe ordenen til New Zealand. På dette møtet ble det underskrevet et dokument hvor alle de tilstedeværende godkjente hverandre ordener som genuine, en godkjennelse som står den dag i dag for de fraksjonen som ennå måtte overleve.

Ut av Golden Dawn tradisjonen har det sprunget mange berømte esoterikere og skoler. Som et eksempel kan en nevne Paul Foster Case, som i 1921 ledet Thoth-Hermes Templet Nr. 9, men ble kastet ut etter stridigheter med Moina. Han skulle senere starte "The School of Ageless Wisdom", som vi i dag kjenner som "Builders of the Adytum" (B.O.T.A.).

Øvrige kjente er forfatteren Violet Firth, bedre kjent under pseudonymet Dion Fortune.[70] Fortune foreslo ovenfor Moina

70 Egentlig et ordspill på hennes ordensmotto "Deo Non Fortuna"

155

at ordenen kunne trenge en rekkruteringsbase, som var offentlig tilgjengelig slik som Teosofisk Samfunn.

Moina bifallt ideen, og "The Fraternity of the Inner Light." ble til. Senere kom hun i krangel med Moina, og etter lang tid med påstått magisk krigføring fra begge parter forlot Fortune ordenen, og omskapte broderskapet sitt til hva som idag er kjent som Servants of the Light (SOL).

Israel Francis Regardie (1907-1985) var initiert i Stella Matutina. Dette skjedde som et direkte resultat av Dion Fortues hyllest av ham i den okkulte pressen påfølgende hans utgivelser av bøkene "A Garden of Pomengranates" og "The Tree of Life" i 1932.
A.O. hevdet at han publiserte informasjon kun forbehold initierte og trakkaserte ham pr. brev, noe som ble støttet av restene etter Stella Matutina. Sistnevnte endret derimot holdning etter Fortunes press, og det siste av de gamle templene som ikke hadde gått over til A.O.
Hermes-Tempelet i Bristol sendte til slutt i 1934 et brev til Regardie og tilbad ham innvielse.

Regardie steg raskt i gradene, og trådte inn i Andre orden knapt et år etter at han fikk sin 0=0. Han ble imidlertid svært skuffet over inkompetensen han fant hos tempelets ledere, og tok til slutt i 1937 den fatale avgjørelsen å publisere alt av Golden Dawn-materiale som han hadde tilgang til i sin bok "The Golden Dawn" i den forhåpning at den misforvaltede skatten ordenen satt inne med ikke skulle gå tapt, men bli bevart for ettertiden.
Boken fikk enorm oppmerksomhet og er i dag i sitt åttende opplag verdenskjent for å ha gjort tilgjengelig en av de mest komplette amalgamer av de vestlige esoteriske tradisjoner noensinne.

I dag er den mest progressive grenen av Golden Dawn-tradisjonen Sodalitas Rosae+Crucis, også operativ i Skandinavia. Debatten råder sterkt over blant de øvrige grenene hvorvidt Regardies edsbrudd da han publiserte den hemmelige læren virkelig var til det bedre, og hvorvidt tradisjonen ville bestått i alle tilfelle. Uansett er det sikkert at den voksende interessen for de vestlige mysterietradisjonene som nå forekommer ikke ville funnet sted.

Det viktigste utfordringen en mysterietradisjon alltid vil stå ovenfor, er snarere hvordan tilpasse seg tiden den skal virke i, uten å miste sin åndelige arv og sine røtter.

SAMMENFATNING AV DEL 2

Alle de overnevnte tradisjonene, samt utallige andre har fungert som fartøy for den urgamle jødiske mystisismen helt frem til i dag. Kabbalismen har derfor tatt forskjellige former som reflekterer de ledd den har blitt levert igjennom.

Den jødiske kabbalismen lever enda, med forskjellige skolen og rettninger, men alle med det fellestrekk at de føler seg forulempet av den "sekulariseringen" som foregår hos øvrige ikke-jødiske kabbalister. Unntaket for dette er de skoler som regner seg som Shabbatianske, og naturlig nok sympatiserer med alle religiøse rettninger. Personlig føler jeg at kritikken mot ikke-jødisk kabbalah er en smule uberettiget, siden det er fra jødisk hold at den største kommersialiseringen av mysterietradisjonen kommer. I de siste fem årene har flere og flere produkter som "kabbalistisk hjelp-til-selvhjelps bøker", "kabbalistisk kildevann", og kabbalistiske håndbøker i bedriftsledelse sett dagens lys, alle til en god pris. Derimot er de seriøse og konservative jødiske kabbalah-tradisjonene rettmessige i sin kritikk, da de hevder at den ikke-jødiske kabbalismen, tar ukonkrete former, og ofte plukker vekk de dogmer og læresettninger som ikke passer for den enkelte.

I de alvorligste tilfellene, skaper dette store pedagogiske hull i en esoterisk skolering, endog samtidig som det samtidig oppstår nye muligheter for forening av tradisjoner og religioner som tidligere ville stå som uforenlige.

Når kritikken går på at kun praktiserende jøder har retten og forutsettningene for å kunne studere tradisjonen, mener jeg at kabbalismen selv har utviklet seg utover én religions grenser.

På sin ferd inn i europa oppstod møtet med den kristne mystisismen, men da den hurtig fant seg i et svært friksjonsfylt forhold til de rådende autoritetene, inntok den sin plass i de lukkede ordensfellesskap.

Den hermetiske tradisjonen, som vi egentlig kan betrakte som en tilskyndelse av den neo-platonske tenkningen, til den kristne teosofi og kabbalisme, har gått fra å være et renessanseprosjekt for en universell opplysning, til å bli en konstruert betegnelse for den kabbalismen som ikke krever noen form for religiøst denominativt standpunkt, og som studeres i dag over hele verden av utallige mennesker, uberoende på kjønn, alder, religion, seksuell legning eller rase: et naturlig etterspill etter Golden Dawn og Crowleys bekjentgjørelse av Kabbalah som en rasjonell tilnærmingsmetode til det hellige. En fri tolkningstradisjon av vår judeo-kristne kulturarv, i et forsøk på å gjenfinne de lysgnister som ligger begravet i sekularisme og dogmatisk overformynderi ovenfor mennesket religiøsitet.

Denne kan ofte ta form som lettkjøpt spiritualitet, uten forankring i hva Kabbalismen opprinnelig var, en lukket og intim overlevering av hva mystikere mente var Guds levende tale i mosebøkene og mishna.

Jeg tror, at Shabbatai Zevi ville frydet seg over at enkeltindivider *bruker* denne tradisjonen for sin egen del, som et verktøy i sin streben etter selverkjennelse. Jeg har valgt å kalle den hermetisk, i tråd med den tankegangen som ligger til grunne i Corpus

Hermeticum: et konstruert verdensbilde, tuftet på pansofisk søken og erfaring av det hellige; en mystisk erkjennelse av Shekinahs dvelende tilstedeværelse i vårt indre Tempel, som kan favne mange divergerende livsanskuelser og religioner i sitt begrepsapparat, og hvor detaljene kan og skal fylles inn av den enkelte.

Disse tre veier som tradisjonen nå har tatt griper ofte inn i hverandre, etter hvert som tiden går og den enkelte søkende dykker ned i de strømninger som åpner seg for ham, igjennom litteratur, så vel som i de mennesker han eller hun møter igjennom livet.

Det avgjørende, om man skal søke å erkjenne og vedlikeholde en levende mystisk og frigjort åndelig tradisjon i vesten, er at den brukes som farkost for samtidens søkende, og setter dem i stand til både å kritisere og uttdype sin kultur-religiøse arv. Eller arvesynd...

Tradisjonen har måttet vike tilbake for nyreligiøsitetens merkantile lett tilgjengelighet. Mange av de begreper som tilskrives østlige mysterieskoler, som reinkarnasjon, karma, meditasjon og rituell praksis for oppnåelse av indre kommunion, har eksistert bak lukkede dører og lukkede lepper siden vår kulturhistories begynnelse.

Et forsett for samtiden, bør være at tradisjonen holdes levende, og dyrker en åndelig diskurs hvor man våger å ta sitt eget religiøse bakteppe alvorlig, samtidig som man annerkjenner den som intet annet en noe menneskeskapt.

Som Hermann Hesse sier:

"Alle Guder er skyggebilder; malt på evighetens sirkel, slik at
menesket kan speile seg i dem[71]".

Om mennesket er av Gud, og kun skaper av det som er av Ham
selv, er det da egentlig ikke Han som maler sitt eget selvportrett
igjennom oss?

71 Fra "Steppenwolf"

DEL 3: LÆREN - FORMASJON

Han er lik et tre, plantet ved bekker
med rennendre vann:
Det gir sin frukt i rette tid,
og løvet visner ikke på det.
Alt det han gjør skal lykkes for ham.

Salmene 1:3

I de foregående kappitlene har jeg prøvd å redgjøre *om* Kabbalah, samtidig som jeg har prøvd å trekke frem en del klassiske og tradisjonelle kabbalistiske tanker og tolkninger, for ikke å la teksten bli for ensformig.

I den kommende delen vil jeg konsentrere meg mer om de grunnleggende filosofiske og teosofiske konseptene som utgjør selve rammen rundt kabbalismen, og dermed trekke sammen en del løse tråder fra de øvrige delene av boken.

Kabbalah er som tidligere nevnt, en stor samling av teser og doktriner angående mennesket, Gud og naturen. Det finnes svært få tekster og etablerte dogmer i tradisjonen, som kan stemples som enerådende kabbalistiske, noe som skyldes at det ikke finnes en grunntekst, manifest, eller forskrift som utgjør noen form for premiss for å *skrive* en kabbalah. Tradisjonen er muntlig, og fremmer en levende og flytende fortolkning av det bestående. Dette er kjernen av kabbalistisk metodikk som vil drøftes i bokens fejrde og siste del.

Med andre ord, kan et stort omfang av jødisk mystikk, betegnes som kabbalistisk om man ønsker det; på grunn av tekstens særtrekk, skjønt dens innhold kanskje stammer fra en egen skole. Merkavahtradisjonen og Sepher Yetzirah er gode eksempler på dette.

Likeledes ble kabbalah et fellesbegrep på esoterisk tolkning og lære i kjølvannet av rosicrucianismen: Dét å se med nye øyne på et evangelium, eller å søke en skjult lærdom i et navn, ord eller tall ble regnet for å "kabbalistifisere"[72].

Mangfoldet av kabbalistisk tankegods blir større om man trekker med i beregningen at kabbalismen fremelsker egen tenkning fremfor aksept av dogmer, og til sist, om man ihukommer det tidligere nevnte skillet i den kabbalistiske læren i to separate tradisjoner, så virker stoffmengden uoverkommelig, og man stiller seg spørsmålet om det går an å sammenfatte alt dette på et vis?

I introduksjonen nevnte jeg ganske kort Etz Chaiim, eller Livets Tre. Dette symbolet er siden begynnelsen på 1900-tallet blitt selve aksen i det vi kaller den hermetiske kabbalismen, om det finnes noen.

Treet søker å ta opp i seg læren som helhet, for så å splitte den opp i enkeltdeler, som analyseres hver for seg, og til sist føre dem sammen igjen til en rikere helhet.
Det er et symbol som på grunn av sin enkelhet, og samtidig sin ubegrensede dybde, kan brukes i utallige sammenhenger, alt fra å portrettere de forskjellige sidene ved den menneskelige psyke og adferd til forholdet mellom metaller og planter.

---

72 Gold- und Rosenkreuz bruker denne betegnelsen flittig.

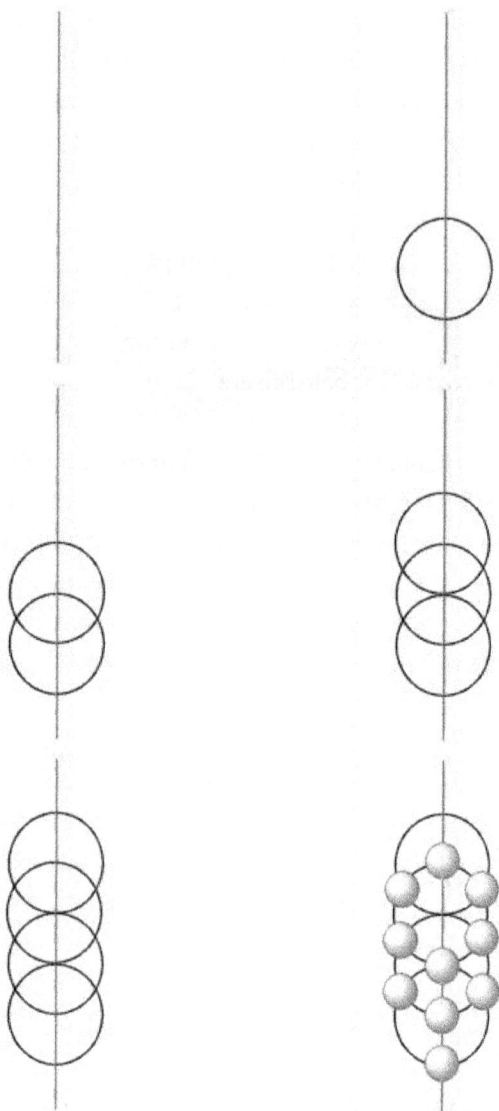

Geometrisk kontruksjon av Livets Tre

Livets Tre erstatter behovet for en kabbalistisk grunntekst, og gir studenten mer en hva en serie rettesnorer noen gang ville kunne tilby: et sjelekart.

La oss studere symbolet rent geometrisk:

Livets Tre består av 10 sirkler, som forholder seg symmetrisk til hverandre. Disse sirklene, som egentlig kalles Sephirot, eller Sephira[73] i entall, er forbundet med hverandre med 22 såkalte "stier".

Symbolet kan konstrueres på enkleste måte kun ved hjelp av en passer og en linjal. Målene betyr ingenting, og har kun innvirkning på symbolets endelige størrelse.

Man begynner, med å sette sin penn på det blanke arket, og formulerer med det et punkt uten utstrekning: en tildragelse ut av intet. Deretter tegner man en rett linje: punktets utstrekning.

Man plasserer passerspissen på linjen og slår en sirkel. Så flytter man spissen opp til det punktet der sirkelen skjærer med den opprinnelige linjen. Dette gjentar man til man har fire sirkler, for så å tegne de enkelte sephirot på de anviste kryssingspunktet.

Instinktivt er det å påpeke en uregelmessighet i symmetrien når man betrakter den ferdige tegningen, og si at sephira nr. fire, talt ovenifra, mangler og har i stedet blitt plassert nederst, noe som bryter med selve formens symmetri. Årsaken til denne tilsynelatende feilplasseringen er av en filosofisk-teologisk art, og jeg vil komme tilbake til akkurat hvorfor senere.

---

73 Stammer fra Heb: Sipphur, som betyr "å telle", eller Siphra som betyr "siffer".

For øyeblikket vil jeg referere til illustrasjonen i appendiks A for et ferdig konstruert tre, hvorpå alle de 10 sephirot har påskrevet sitt nummer og hebraiske navn. De 22 stiene er også her, men deres studie faller utenfor denne bokens omfang. Tilstrekkelig er det å si at sephirotene ses på som statiske energier, mens stiene er det dynamiske utspillet mellom dem.

Videre kan Livets Tre ses på som tre søyler, en til høyre som regnes som den maskuline, mens dens motpart finnes til venstre er feminin i sin natur. I midten har vi en siste pilar som forener dem.

Symbolikken med søylenes motsetning er urgammel og forekommer i flere kulturer som et symbol for en portal, en terskel, motstridende krefter, lys og mørke, inngang og utgang. Alle har vi hørt uttrykket "Den Gyllne Middelvei". Jeg referer gjerne leseren til Salomos Tempel i bokens forrige del.

I kabbalismen ligger det her implesitt et kjerneproblem ved tilværelsen, det motsettningsfyllte livet, og begjæret etter forsoning, forening og enhet i det Store Arbeidet, som alkymistene kaller sin søken etter det Guddommelige:
Det første steget, den første terskel den søkende må tre over er lengselen etter balanse og equilibrium, av dette vokser evnen til å skille det ene fra det andre, balansert fra ubalansert: Kunnskapens Tre.

Studerer vi Livets Tre videre rent geometrisk, finner vi også at det kan ses på som en serie med triader, som vist på neste side. Hvor er så salomos segl? Signatstjernen som forener dem?

FØRSTE TRIADE

ANDRE TRIADE

TREDJE TRIADE

1
KETHER
KRONEN

3
BINAH
FORSTAND

2
CHOKMAH
VISDOM

5
GEBURAH
STYRKE

4
CHESED
NÅDE

6
TIPHARETH
SKJØNNHET

8
HOD
PRAKT

7
NETZACH
SEIER

9
YESOD
FUNDAMENT

10
MALKUTH
KONGERIKE

LIVETS TRE II

Hva er dette Treet du snakker om?
Alle Kreftene til den Velsignede Hellige
er arrangert i en serie med lag lik et tre,
og som et tre bringer frem frukt når det blir vannet,
således gjør også de Guddommelige Kreftene
når de blir ladet med vann fra den Velsignede hellige.
Hva er vannet fra den velsignede hellige?
Det er visdom, det er sjelene til de rettskafne.

Hvor dette symbolet egentlig stammer fra er forholdsvis uvisst. Forskjellige ordener og tradisjoner mener at det kan spores tilbake til det tidlige Sumér, sivilisasjonens vugge i Mesopotamia, og at det senere dukket opp i Egypt, hvor det ble medbrakt av jødene til Israel, og igjen gjenspeiles i Hellas med Aristoteles' 10 bevissthetssfærer, eller urkonseptet.

Hvor enn det egentlig stammer fra, så er det i det minste nevnt og delvis beskrevet i de tre viktigste kabbalistiske tekstene (Bahir, Yetzirah og Zohar), og den kabbalistiske tradisjonen selv hevder at konstruksjonen er utledet fra bibelen selv:

I Genesis[74] kan vi lese i den hebraiske versjonen at det står :

I BEGYNNELSEN SKAPTE GUD HIMMELEN OG JORDEN. JORDEN VAR ØDE OG TOM, OG MØRKE LÅ OVER HAVDYPET. MEN GUDS ÅND SVEVET OVER VANNET. DA SA GUD: «DET BLI LYS!» OG DET BLE LYS. GUD SÅ AT LYSET VAR GODT, OG HAN SKILTE LYSET FRA MØRKET. GUD KALTE LYSET DAG, OG MØRKET KALTE HAN

74 Første Mosebok

NATT. OG DET BLE KVELD, OG DET BLE MORGEN, FØRSTE DAG.

GUD SA: «DET SKAL BLI EN HVELVING MIDT I VANNET, OG DEN SKAL SKILLE VANN FRA VANN!» OG DET BLE SLIK. GUD GJORDE HIMMELHVELVINGEN OG SKILTE VANNET SOM ER UNDER HVELVINGEN, FRA VANNET SOM ER OVER DEN. GUD KALTE HVELVINGEN HIMMEL. OG DET BLE KVELD, OG DET BLE MORGEN, ANDRE DAG.

GUD SA: «VANNET UNDER HIMMELEN SKAL SAMLE SEG PÅ ETT STED, SÅ DET FASTE LAND KOMMER TIL SYNE!» OG DET BLE SLIK. GUD KALTE DET FASTE LAND FOR JORD, OG VANNMASSEN KALTE HAN HAV. OG GUD SÅ AT DET VAR GODT.

DA SA GUD: «JORDEN SKAL LA GRØNNE VEKSTER GRO FRAM, PLANTER SOM SETTER FRØ, OG TRÆR SOM BÆRER ALLE SLAGS FRUKT MED FRØ I, PÅ JORDEN!» OG DET BLE SLIK. JORDEN BAR FRAM GRØNNE VEKSTER, PLANTER SOM SETTER FRØ, OG TRÆR SOM BÆRER FRUKT MED FRØ I, HVERT ETTER SITT SLAG. OG GUD SÅ AT DET VAR GODT. OG DET BLE KVELD, OG DET BLE MORGEN, TREDJE DAG.

GUD SA: «DET SKAL BLI LYS PÅ HIMMELHVELVINGEN. DE SKAL SKILLE MELLOM DAG OG NATT OG VÆRE MERKER SOM FASTSETTER HØYTIDER, DAGER OG ÅR. DE SKAL SKINNE PÅ HVELVINGEN OG LYSE UT OVER JORDEN.» OG DET BLE SLIK. GUD SKAPTE DE TO STORE LYSENE, DET STØRSTE TIL Å RÅDE OM DAGEN OG DET MINSTE TIL Å RÅDE OM NATTEN, OG STJERNENE. GUD SATTE DEM PÅ HIMMELHVELVINGEN TIL Å LYSE UT OVER JORDEN, TIL Å RÅDE OM DAGEN OG NATTEN OG TIL Å SKILLE LYSET FRA MØRKET. OG GUD SÅ AT DET VAR GODT. OG DET BLE KVELD, OG DET BLE MORGEN, FJERDE DAG.

GUD SA: «I VANNET SKAL DET MYLDRE AV LIV, OG FUGLER SKAL FLY OVER JORDEN, UNDER HIMMELHVELVINGEN.» OG GUD SKAPTE DE STORE SJØDYRENE OG ALT LIV SOM DET YRER OG KRYR AV I VANNET, HVERT ETTER SITT SLAG, OG ALLE DYR

SOM HAR VINGER TIL Å FLY MED, HVERT ETTER SITT SLAG. OG
GUD SÅ AT DET VAR GODT. HAN VELSIGNET DEM OG SA: «DERE
SKAL VÆRE FRUKTBARE OG FORMERE DERE OG FYLLE VANNET I
HAVET, OG FUGLENE SKAL FORMERE SEG PÅ JORDEN!» OG DET
BLE KVELD, OG DET BLE MORGEN, FEMTE DAG.

GUD SA: «JORDEN SKAL LA ALLE SLAGS LEVENDE SKAPNINGER
GÅ FRAM, FE, KRYP OG VILLE DYR, HVERT ETTER SITT SLAG.»
OG DET BLE SLIK. GUD SKAPTE ALLE SLAGS VILLE DYR OG ALLE
SLAGS FE OG KRYPET PÅ MARKEN AV ALLE SLAG. OG GUD SÅ AT
DET VAR GODT.

DA SA GUD: «LA OSS SKAPE MENNESKER I VÅRT BILDE, SOM
ET AVBILDE AV OSS! DE SKAL RÅDE OVER FISKENE I HAVET OG
FUGLENE UNDER HIMMELEN, OVER FEET OG ALLE VILLE DYR OG
ALT KRYPET SOM DET KRYR AV PÅ JORDEN.» OG GUD SKAPTE
MENNESKET I SITT BILDE, I GUDS BILDE SKAPTE HAN DET, TIL
MANN OG KVINNE SKAPTE HAN DEM. GUD VELSIGNET DEM OG
SA TIL DEM: «VÆR FRUKTBARE OG BLI MANGE, FYLL JORDEN
OG LEGG DEN UNDER DERE! DERE SKAL RÅDE OVER FISKENE I
HAVET OG FUGLENE UNDER HIMMELEN OG ALLE DYR SOM DET
KRYR AV PÅ JORDEN!» OG GUD SA: «SE, JEG GIR DERE ALLE
PLANTER SOM SETTER FRØ, SÅ MANGE SOM DET FINNES PÅ HELE
JORDEN, OG ALLE TRÆR SOM BÆRER FRUKT MED FRØ I. DE
SKAL VÆRE TIL FØDE FOR DERE. OG TIL ALLE DYR PÅ JORDEN
OG ALLE FUGLER UNDER HIMMELEN OG ALT SOM KRYPER PÅ
JORDEN, ALT SOM HAR LIVSÅNDE I SEG, GIR JEG ALLE GRØNNE
PLANTER TIL FØDE.» OG DET BLE SLIK. GUD SÅ PÅ ALT DET
HAN HADDE GJORT, OG SE, DET VAR OVERMÅTE GODT. OG DET
BLE KVELD, OG DET BLE MORGEN, SJETTE DAG.[75]

---

75 Hentet fra Bibelselskapets offisielle oversettelse fra 1978. -For en mer presis oversettelse på et
vestlig språk anbefales den autoriserte engelske bibelen, kjent som The King James Bible fra 1611
som finnes i flere opptrykk.

Hvis man ser etter, vil man finne at det står "Gud sa" ti ganger, "Gud så" syv ganger, og "Gud skapte" tre ganger, samt 12 andre referanser til Gud bortsett fra disse. Dessverre så forsvinner disse forekomstene noe i en Norsk oversettelse, men det er lettere irrelevant da vi her skal forholde oss til den Hebraiske Tanakh[76].

Disse fire tallverdiene, henholdsvis 10, 7, 3 og 12 definerer oppbygningen av Livets Tre i følge den Jødiske Kabbalismen (jamfør Sepher Yetzirah), hvor hvilket begrep som brukes til å beskrive hvordan Gud skaper, forteller en skjult historie om selve tilblivelsesprosessen.

10 x "Gud sa" -Guds ti faste egenskaper som blir de 10 sephirot
7 x "Gud så" -Dagenes skaperkrefter og de vertikale stiene.
3 x "Gud skapte" -Treenighetens evighet og horisontale stiene
12 x andre referanser til Gud -De tolv diagonale stiene.

Leter vi videre i jødisk og kristen tradisjon så finner vi andre paralleller, spesielt med tanke på tallet ti, som går igjen utallige ganger i bibelen.

På neste side er et diagram over de 10 sephirot og hvordan de korresponderer med Fader Vår, de 10 Bud, og de 10 Dyder, som Jesus forteller om i sin bergpreken.

For å videre å forstå oppbygningen av Livets Tre, skal vi studere det viktigste av de Hebraiske navnene på Gud, som jeg nevnte i innledningen.

---

76 Tanakh er den jødiske betegnelsen på bibelen, satt sammen av bokstavene Tora (Mosebøkene), Neviim (Profetene), og Ketuvim (Skriftene).

TREET	SEPHIROT	DE 10 BUD	FADER VÅR	DE 10 DYDER
1	KETER	Du skal ikke ha andre guder en meg.	Fader vår, du som er I himmelen.	Salige er de som er fattige i seg selv, for himmelriket er deres.
2	CHOKMAH	Du skal ikke lage gudebilder.	Må ditt navn holdes hellig.	Salige er de som sørger, for de skal trøstes.
3	BINAH	Du skal ikke misbruke herrens navn.	Ditt rike komme.	Salige er de tålsomme, for de ska arve jorden.
4	CHESED	Du skal holde hviledagen hellig.	Din vilje skje på jorden som I himmelen.	Salige er de som hungrer og tørster etter rettferdigheten for de skal mettes.
5	GEBURAH	Du skal ære din far og din mor.	Gi oss I dag vårt daglige brød.	Salige er de barmhjertige, for de skal få barmhjertighet.
6	TIPHARET	Du skal ikke slå i hjel.	Tilgi våre synder som vi óg forlate våre syndere.	Salige er de rene av hjertet, for de skal se Gud.
7	NETZACH	Du skal ikke begjære din nestes hustru.	Led oss ikke inn i fristelse, men frels oss fra det onde.	Salige er de som skaper fred, for de skal kalles Guds barn.
8	HOD	Du skal ikke stjele.	For riket er ditt,	Salige er de som blir forfulgt for rettferdighets skyld for himmelriket er deres.
9	YESOD	Du skal ikke bære falskt vitnesbyrd.	og makten,	Ja, salige er dere når de for min skyld håner og forfølger dere, lyver på dere og snakker ondt om dere på alle vis.
10	MALKUTH	Du skal ikke begjære din nestes asen.	og æren I evighet, amen.	Gled og fryd dere, for stor er den lønn dere har i himmelen

TETRAGRAMMATON

Jahve eller Jehova er to oversettelser, henholdsvis latin og gresk for det som regnes for det ultimate navnet på Gud innen jødedommen. Et navn som egentlig ikke kan uttales, ettersom det staves YHVH, kun bestående av hebraiske konsonanter. Navnet regnes for å være så hellig blant de ortodokse jødene at de hevder at jorden vil gå under om det uttales, og det er derfor regnet som en stor synd å si det i det hele tatt[77], og de gamle grekerne kalte det derfor "Tetragrammaton" som betyr "Firebokstavers-ordet.

Uuttalelig eller ei, kabbalistene hevder imidlertid at bak dette Guds navn skjuler det seg et av de største mysteriene i kabbalismen; det menneskelige legemes oppbygning og dets forhold til bevisstheten og Gud.

På Hebraisk staves det som følger, lest fra høyre mot venstre (Yod-Heh-Vav-Heh):

יהוה

Den kabbalistiske tolkningen er at Gud igjennom dette navnet viser seg i fire emanasjoner, eller utstrålninger: Faderen (Yod) som det første aktive prinsippet, Moderen (Heh) som det første reseptive prinsipp, etterfulgt av deres avkom Sønnen (Vav) som er balansen mellom dem, og til slutt Datteren (Endelige Heh), som Sønnens reseptive motstykke. Her finner vi også en

---

77 jamfør med det tredje av de ti bud: "Du skal ikke misbruke Herrens navn".

parallell til de fire elementer: Ild, vann, luft og jord. All skapelses bestanddeler.

Navnet kan også skrives vertikalt, og vi får da følgende konstruksjon: En figur med sterke likhetstrekk til et barns egen fremstilling av andre mennesker; en hodefoting.

Her ligger det skjult flere mysterier om menneskets indre konstitusjon:

Alle har vi, uansett fysisk kjønn, både maskuline og feminine sider. Hos noen er den ene mer utviklet en den andre, vi er alle forskjellige i så måte. Dette finner vi da representert i Tetragrammaton i de to første bokstavene (Yod og Heh), som er de maskuline og feminine erketypene mennesket har, det som C.G. Jung kaller Animus og Anima. Den maskuline siden vi alle har, er den kreative, og energiske; behovet for å gi, mens den feminine siden av oss, er den reseptive og generative, behovet for å motta og å nære.

Disse erketypene vises igjen i hverdagen ikke bare som mann og kvinne, men også som forelderrollene: far og mor.

Produktet av disse to motpolene, finner vi igjen i den tredje bokstaven Vav, som er vårt egentlige innerste *jeg*, vår identitet og sjel, mens vi i den siste bokstaven (Heh) finner datteren, den reseptive motparten til sønnen, som da er vår kropp, våre fysiske behov og vår yttre identitet som vi handler igjennom.

DE FIRE VERDENER

Disse formasjons, eller tilblivelsesstadiene, representer ikke bare hvordan tanker, former, ideer og vesener blir til, men også fire psykologiske arketyper, da alt i mennesket er reflektert i det guddommeliges bevegelser.

På samme måte er dette sider ved Gud, eller skaperkraften om man vil, og hver av disse fire bokstavene representerer da forskjellige stadier av tilblivelse. Dette kalles av kabbalister de *Fire Verdener*, og forteller oss mer om skapelsen, og hvor en ide kommer fra, og hva den går igjennom i vår psyke før den settes ut i handling.

1. Den første kalles Atziloot, som betyr arketype, og attribueres til bokstaven Yod. Her finnes i det guddommelige alle ideer og konsepter på et ikke-fysisk umanifest plan.

2. Den andre heter Briyah, som betyr kreasjon eller skapelse, her forenes de to motpolene av Chokmah og Binah (maskulint og feminint) og gir avkom til neste verden, som er;

3. Yetzirah, som betyr formasjon. Her tar ideen form og får en konkret sammensetning, og relateres til selvet, før den til sist ender opp i siste verden:

4. Assiah betyr aksjon eller handling. Her blir ideen manifestert på det fysiske plan enten i form av at den bygges, eller brukes i en sammenheng.

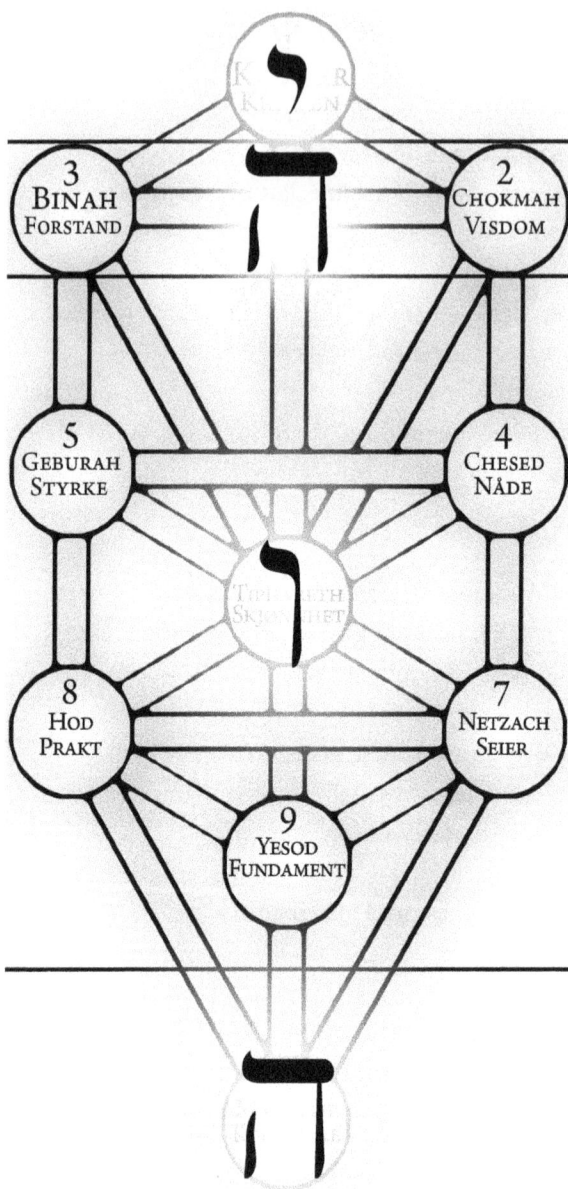

ATZILOOT
ARKETYPER

BRIYAH
KREASJON

YETZIRAH
FORMASJON

ASSIAH
AKSJON

3
BINAH
FORSTAND

2
CHOKMAH
VISDOM

5
GEBURAH
STYRKE

4
CHESED
NÅDE

8
HOD
PRAKT

7
NETZACH
SEIER

9
YESOD
FUNDAMENT

Den foregående inndelingen er svært viktig for å forstå historien bak livets tre, og hvordan det er bygget opp, og vil stå klarere etter at man er kjent med sephirotene.

Det sies at Salomons tempel vil bli gjenreist, mennesket vil vinne tilbake sitt herredømme over seg selv og atter få innpass i Edens hage, når Datteren forenes med Sønnen, og tar Moderens plass ved siden av sin Far:

PENTAGRAMMATON

Et tydelig skille, mellom den jødiske og kristne kabbalismen adstedkom ved det som beskrives som overgangen fra den gamle til den nye pakt, igjennom Pentagrammaton: Fembokstaversordet.

Tar man den 21. hebraiske bokstaven Shin (ש), som er et symbol på den hemmelige ild, menneskets flammende hjerte, som renser og forener alt, og plasserer den som et bindeledd mellom Faderen & Moderen og Sønnen & Datteren, får man ordet YHShVH (יהשוה), eller Joshua, det hebraiske navnet vi leser som Jesus. Altså det endelige, forsonende og oppløsende bindeleddett mellom det høyere og det lavere.

Dette er et sentralt mysterium i den kristne kabbalismen, som favnes både av Martinisme og Rosicrucianisme, samt gled naturlig inn i den vestlige alkymien. Dette er et tilbakevendende motiv i kapittelet om det sjette sephiroth: Tiphareth - Skjønnheten.

MYSTERIETRADISJONEN

Kabbalah, og alle mysterietradisjoner i vesten, søker å gjenforene mennesket, først med seg selv, og dernest med dets indre Guddommelige Gnist, som tradisjonen ser på som dets Sanne Selv, og opphavet til alt hva individet er.

Denne selverobringen og selvoppreiselsen adstedkommer gjennom introspeksjon, kontemplasjon og meditasjon for derved å vekke den del av oss som er istand til atter å gå inn i en union med Gud.

Den som arbeider alene med dette Store Verket, uten en ledsager eller lærer, vil fort kunne gå seg vill i sitt eget hjertes villniss; sjelens mangesidige natur og uutgrunnelige dybde reflekterer lyset fra oven i så mange fasetter, at den ikke enkelt kan ses på som ett.

Og det er jo denne oppstykkede enheten man har å bearbeide.

Både den jødiske så vel som den hermetiske tradisjonene gir den søkende et kart på veien: På samme måte som skaperverkets, og derved vår egen tilblivelse er tegnet opp igjennom livets tre's vekst fra det guddommelige til det jordslige, er vår vei tilbake til roten av oss selv, vist gjennom dette treets tilbaketrekning til sin egen begynnelse, bak dets røtter og til dets frø.

Dette har blitt forklart i tradisjonen, som en gradvis oppstigning på livstreet, der den søkende blir stilt ovenfor problemstillinger og terskler som det må overkomme.

178

יהשוה

Yeheshua som et flammende pentagram i sentrum av de 10 sephiroth,
så de 22 hebraiske bokstaver, og til sist omkranset av
Ain, Ain Soph og Ain Soph Aur

Disse er den søkendes indre terskler: livets, sjelens og visdommens porter.

Denne oppstigningen vil bli gjennomgått i de kommende kapitlene om hvert enkelt sephirot, som representerer disse stegene, og i del fire, hvor jeg vil beskrive forskjellige former for praktisk Kabbalah, og hvordan man kan tilnærme seg denne oppstigningsprosessen i eget selvarbeid.

Før vi kommer så langt, vil jeg allerede forespeile et helhetslig bilde av dette arbeidet, slik at den søkende allerede kan danne seg en forståelse av hva den skal foresette seg:

I denne bokens annen del, i berettningen om syndefallet og menneskets streben etter å vende tilbake til sitt opphav, er allerede kabbalismens tilnærmelse til opplysning opptegnet.
Den hermetiske tradisjonen er som tidligere nevnt ikke så knyttet til noen gitt form for religion, og hevder ikke nødvendigvis at mennesket er *fallent* i ordets mest betente forstand, men holder fast ved at vi som mennesker ikke er fullt utviklet, eller avdekket til det vi har potensial til å bli, skulle være, eller alltid egentlig har vært. Tradisjonen forteller at alle skapninger, og fremst av dem mennesket, besitter latente evner vi ikke bruker, fordi vi fra fødselen av lærer oss utelukkende å stole på våre fysiske sanser når vi forholder oss til omverdenen, og fraskriver oss i samme stund det samme intime forhold til vår indre rikdom som tilfaller oss som åndsmennesker.

Louis-Claude de Saint-Martin skrev en gang:
"Om mennesket hadde tatt like dårlig vare på sin kropp, som det gjør sin sjel og sin ånd, hadde vi alle vært døde for lengst."

Det er ikke bare snakk om slumrende metafysiske krefter i oss. På grunn av vår instinktive *og* tillærte vane med å forholde oss til det sanselige, innprentes det i vår daglige bevissthet en utpreget hang til det dennesidige. Vi mater oss selv til de grader med ytre inntrykk, at sjelens og sinnets røst først blir overdøvet, og til sist forstummet.

Kabbalismen søker å bemyndiggjøre mennesket. Med hva? Svaret vil alltid være seg selv. Til hvilken hensikt? For å kunne leve et rikere og fullere liv, og det *sanne* livet, ved at kilden i oss åpnes, og at vi ikke lever ved siden av oss selv, men *blir den vi er.*

Dette er en hard og vanskelig vei å gå. Avdekkingen av en selv vil alltid medføre at man mister seg selv, og må konfrontere deler av sitt liv man ikke kjente. Det er en sjelelig, *psykisk* avdekkning, som samtidig medfører en åndelig, *spirituell* oppblomstring.

Når den søkende spør: Hvor skal jeg begynne? Er svaret alltid, i den Adamiske Jorden - vårt eget fundament og kongerike: oss selv. Slik vi er, ærlig og åpent. Man skal ikke forberede seg på selvoppdagelsen, man skal ikke rense seg: om man ikke begynner å betrakte seg selv og sitt liv fullstendig fordomsfritt slik det foreligger, vil man ikke arbeide med den man er, men med en forestilling og et blendverk.

Dette er et paradoks. Man må kjenne seg selv for å kunne bearbeide seg selv. Paradokset er en utfordring og et motto: Kjenn deg selv, og du skal kjenne deg selv.

Når tradisjonen påstår at vi har et bakenforliggende 'jeg' bak det dagligdagse 'selvet' bør det ikke forstås som noe fremmed, noe utenfor oss. I steden kan man tenke seg en tillstand hvor det oppiskede havet sjelen er, faller til ro, når ikke lenger det raser en sinnlig storm over det.

I den klare havflaten vil man ikke bare kunne se ned i dypet av bevisstheten, men også refleksjonen av det høyere, det man egentlig er.

Kabbalisten Christian Knorr von Rosenroth[78] trekker frem et sinnbilde fra Zohar for å illustrere dette.

Vårt selvbilde, hevder han, er nettopp dét; et bilde vi har malt, tegnet og meislet av oss selv. Han kaller det Microprosopus - 'Skaperen av den lille verden'.
Hvor feilaktig et slik bilde enn måtte være, basert på hva vi selv tror at vi er, både i våre mest hovmodige, selvklandrende, nedlatende, glorifiserende og opphøyende øyeblikk, vil det alltid være en refleksjon av det vi skaper det ut ifra: lysgnisten i oss selv, som er av det guddommelige.
Den samme gnist som Baal Shem Tov vil vi skal frigjøre og la stige opp.

Dette sanne bildet; urskikkelsen kaller Rosenroth for Macroprosopus, 'Skaperen av den store verden', og hevder at de begge utgjør den helheten som er Adam Kadmons sanne vesen: det endelige og absolutte i oss som frigjør det forknyttede, og løskjøper det vi holder fanget.

Eliphas Levi, var en kabbalist som 150 år senere skulle avtegne dette forholdet mellom bilde og avbilde, høyere og lavere, og den forening de utgjør som Signatstjernen på neste side.

---

78 1631-1689, i sin bok Kabbalah Denundata - Den avkledde Kabbalah

Mennesket, i speilingen av det høyere og lavere.
Eliphas Levi: Dogme et rituel de la haute magie, 1854

Den Avkledde Kabbalah

...Ta nå deres plasser, og anvend kabbalahen for å beskrive hvordan delen av Microprosopus er sammenformet, og hvordan Han er kledd i sin sammenforming, fra den Urgamles form, den Hellige av de Hellige, den Tilbaketrukkede av de Tilbaketrukkede, Altets Skjulte.

For visdommen krever nå at dere dømmer en sann dom, passende og ærbar, slik at dere kan kvitte dere med alle sammenformer så presist som mulig.

Men sammenformene av Microprosopus er bildet fra formene i Macroprosopus; og hans bestanddeler er utledet på denne siden, og under en menneskeskikkelse, slik at i den Skjultes Ånd kan manifesteres i hver del av ham.
Slik at han kan bli satt på sin trone, slik det er skrevet i Esekiel: 'Og over en trones likhet, er likheten av et menneske.'

'Er likheten av et menneske' fordi menneskets form inneholder alle former.

'Er likheten av et menneske' fordi det inneholder alle navn.

'Er likheten av et menneske' fordi det inneholder alle hemmelige ting som har blitt sagt og tenkt før verden ble skapt, selv om de ikke har kommet inn i verden enda.

184

Hvordan begynner man? Ved å stille spørsmål; ved å fravriste det ukjente svar. Ved å rokke det bestående og våge å tape seg selv. Den første og siste prøvelsen er da allerede begynt.

Igjennom hele denne prøvelsesveien må man stole på seg selv, ydmykt, åpent og uten hovmot. Og så betrakte sine egne tanker, følelser og reaksjoner, for det er disse mekanismene i oss som utgjør dem vi er i dag, og vedholder de former vi lett koagulerer til å fastholde.

Eksempelvis legger vi ofte stor vekt på det førsteinntrykket man får av et menneske, eller av en situasjon som inntreffer en, både i den yttre verden og i våre dagdrømmer. Noe i oss forteller at det vi står ovenfor er godt, eller galt, selv om omstendighetene rundt det kanskje er vage.

Hva er det egentlig som foregår i sinnet når man får slike vurderende og bedømmende fornemmelsener? Noen hevder at det er en spirituell forstand som virker i oss, en forutalanelse om hva som vil skje.

Rent kabbalistisk, kan det like gjerne være et lynraskt resonnement i underbevisstheten som knytter sammen tidligere erfaringer, leser kroppsspråk og trekker konklusjoner. Dette er en evne som den kabbalistiske aspirant tidlig må trene opp, og være årvåken og kritisk for. Disse erfaringene som ligger til grunne for en "intuitiv" forståelse baserer seg ikke bare på ren sanselig livserfaring, men også på en egen erkjennelsesprosess hos aspiranten selv, hvor denne må stå ansikt til ansikt med sitt eget Selv, sin innerste identitet.

Med andre ord, i all vår bedømmelse av det som skjer rundt oss, speiler vi egentlig oss selv i ansiktene på dem vi møter.

Men enn så lenge sinnets hav er stormfullt, er det ikke den sanne kjernen i oss som vi dømmer våre medmennesker med.

Søkenen etter denne kjernen i oss selv, er som å fjerne lag på lag med slør som tildekker det fra vår dagligdagse bevissthet. Denne avkledningen; det å rive vekk fikenbladene fra Adam og Eva, er det første store foretagende den Hermetiske Kabbalismen, slik at vi ved å kjenne oss selv kan forstå den subtile og unnflyvende sammenhengen mellom vår jeg-bevissthet, det Adamiske *Mikrokosmos*[79] og verden rundt oss: Evas *Makrokosmos*[80].

Som man nå kan utlede av de kabbalistiske symbolenes sammenfall med hverandre, er den enkleste og viktiste lesenøkkel studenten har, nettopp denne selvprojiseringen.

Om man leser de hellige skrifter med det for øyet at alle skikkelser er deler av en selv; refleksjoner av ens eget indre, blir i samme stund alle hendelser og forløp et sjeledrama mellom sider i en selv, ens *Jeg*.

Kabbalismen hevder at mennesket har flere slike "Jeg"-bevisstheter, som man identifiserer seg med, i mangel på den integrerte selvforståelsen som et fullkomment, og enkelt hele.

Først og fremst føler vi en tilknytting til vår egen kropp, som vi ofte baserer mye av vår identitet på.

Videre har vi det "lavere selvet", som er det som driver oss fremmover og er vår egen opprettholdelsesdrift, men som

---

79 Gresk: "Det Lille Univers"

80 Gresk: "Det Store Univers"

samtidig ikke er vårt sanne "Jeg", men som navet tilsier, *vår selviskhet.*

Tradisjonen, har flere navn på det endelige Høyere Jeg, også kalt det Sanne Jeg: Guddommelige Genius, Augoeides, Daemon, eller den Hellige Skytsengel.

Dette, som jeg vil fra nå av referere til som det "Sanne Jeg", er den del av oss som, uavhengig av våre handlinger, adferd og vår bevissthets fokus, direkte forbundet med Gud.

Dette er menneskets ånd, den samme ånd som Gud i Genesis puster inn i den Adamiske Jorden for å blåse liv i mennesket.

Det er den udødelige kjernen i vårt innerste lønnkammer. Der personligheten, kroppen og vårt vesens forgjengelighet slutter, ligger det en luende flame ventende på at det evige igjen skal blåse liv i det. Dette er i følge tradisjonen et spirituelt mellomledd hvormed vi kan kommunisere direkte med den umanifeste Guddommen, og hvormed den kan kommunisere med oss.

Vi finner et lignende konsept i utallige andre tradisjoner i vesten så vel som i Østen, og like så mange betegnelser for det samme.

Den Hermetiske Kabbalismen, kan sies å dele veien tilbake til det bevegelige paradis inn i tre hovedterskler, hvorav de to siste også tilhører den judeo-kristne tradisjonen: Elementær Renselse, Kjennskap til, og kommunikasjon med den Hellige Skytsengel, og Kryssningen av Avgrunnen.

DEN ELEMENTÆRE RENSELSE

Den elementære renselse, er en helthetslig prosess som igjen består av en fire enkelte deler: Jord, Luft, Ild og Vann.

Dette er en åndelig vandring, hvor den søkende tar for seg sine sjelelige bestanddeler, hver og en i tur, for derved å balansere og avkle selvet for de blendverk oppvekst, personlighet og temprament har svøpt det i. Elementene er ikke de materielle substanser som omgir oss til daglig, men de fire grunnkrefer som utgjør vårt vesen, i alt det det måtte omfatte.

DEN HELLIGE SKYTSENGEL

Når man er avkledd det man trodde at man var, og står alene tilbake, begynner et tungt arbeid, nedfelt og beskrevet i boken 'Abra-Melins Hellige Magi.' fra 1400-tallet, som beskrevet i del 2. Her påbegynner en 6, 12, 14 eller 24 måneders tid, hvor den søkende dedikerer alt sitt spirituelle arbeid til ett samlende mål: En sammensetning eller amalgamering av de sjelsdelene han tidligere har bearbeidet enkeltvis, og denne helhetens rensning og oppløsning:

Denne alkemiske prosessen, skjer igjennom en stigede intensitet i et daglig rituellt arbeid, hvor man hengir seg mer og mer til det Rosenroth ville kalt den 'tilbaketrukkede' i seg selv, 'den Ukjente' i andre tradisjoner, eller 'Den Himmelske Tvilling' til sløret endelig revner og 'det lavere selvet giftes med det høyere'.

Louis-Claude de Saint-Martin beskrev denne prosessen, som også forekom, under et annet navn i Elus Cohens med ordene:

"DEN ENESTE INNVIELSE JEG TALER OM OG SØKER AV

HELE MIN SJEL, ER DEN VI KAN NÅ INN TIL GUDS HJERTE IGJENNOM, OG SOM LAR GUDS HJERTE NÅ INN I OSS, FOR DER Å INNGÅ ET UOPPLØSELIG EKTESKAP SOM VIL GJØRE OSS TIL VENN, BRODER OG BRUD AV VÅR GUDDOMMELIGE FORLØSER. DET ER INTET ANNET MYSTERIUM I DET Å NÅ FREM TIL DENNE HELLIGE INNVIELSE ENN DET Å GÅ MER OG MER NED I DYPET AV VÅRT VESEN OG IKKE GI SLIPP FØR VI KAN BRINGE FREM DEN LEVENDE, LIVGIVENDE ROT. FORDI ALL DEN FRUKT VI BURDE FREMBRINGE ETTER VÅR EGENART DA VIL GRO FREM, I – OG OMKRING OSS PÅ ET HELT NATURLIG VIS.".

"MENNESKETS MÅL PÅ JORDEN ER Å ANVENDE HELE SITT VESEN OG ALLE SINE KREFTER TIL I STØRST MULIG GRAD Å ELIMINERE DET SOM LIGGER MELLOM DET SELV OG DEN SANNE SOL, SLIK AT DET PRAKTISK TALT UTEN MOTSTAND KAN BLI EN FRI PASSASJE OG LYSETS STRÅLER KAN NÅ DET UTEN Å BRYTES".

Når denne åpenbaringen er fullendt, er den søkende kronet til å se sine innerste lodd i klar form; de bånd som bandt ham eller henne til sitt gamle liv, og underkaste dem seg, for å tjene denne sanne sol, og ikke lengre skygge for den.

KRYSSNINGEN AV AVGRUNNEN

Dette er en omdiskutert og svært abstrakt prosess hvor flere skoler har flere tolkninger om hva den innebærer, eller avfeirer den fullstendig. Flere mener at en svært kompleks tese som jeg vil komme tilbake til, når flere av de Kabbalistiske konseptene som ligger til grunn for den har blitt klargjort i de kommende kapitlene.

Dette er angivelig ifølge den hermetiske kabbalismen det endelige stadiet, hvor amalgamet mellom det Lavere og Høyere selv, "tar sin plass ved siden av Guds Trone".
Hva dette kan innebære vil fremgå av de siste kapitlene i boken, men kan betegnes som en tilbaketrekning fra formenes verden (Yetzirah) til det punkt hvor skapelsen selv foregår, Briyah.

Dette er en region hvor alt har sin tilblivelse, hvor alle ting kommer sammen før de får sine egenskaper, forskrifter og funksjoner som ikles en selvstendig form i Yetzirah.

Hinsides Dette er en tilbakevendelse hinsides det stedet hvor identiet blir til, før dualitet, motpoler, og kontraster.

Som det fremgår av det ovennevnte, er identitet et tilbakevendede tema for den kabbalistiske mystikken.

For å gripe denne prosessen an, vil jeg gi en lignelse over den kabbalistiske symbolbruken rundt doktrinen om de forskjellige former for Jeg-identiteter.

Tidligere nevnte jeg Tetragrammaton og de Fire Verdener. Jeg brukte da allegorien Far, Mor, Sønn og Datter. En annen eldre og kanskje hyppigere brukt allegori kaller de samme kreftene eller ideene for Konge, Dronning, Prins og Prinsesse, for å legge trykk på at det er Adelige, eller Åndelige krefter det er snakk om.

Sinnbildene blir da Gud som en allmektig konge, hvis rike er Himmelen. Hans Dronning er hans feminine motstykke, den Adamiske sorte Jorden som, når han forener seg med henne, frembringer et avkom; Den forgyllede Prinsen.

Prinsen er her vårt Høyere Jeg, som besitter Kongens, sin fars, kreative evner, og sin mors formative egenskaper.

Hans søster og feminine motstykke Prinsessen er vårt lavere selv. Som lever i uvitenhet om sin Kongelige herkomst. Denne tilstanden av spirituelt mørke er der hvor aspiranten også befinner seg når han begynner på sin lange søken etter seg selv. Hans mål som sådan, i Prinsessens rolle, blir å finne sin Prins, sitt høyere jeg og forene seg med denne. Denne prosessen blir av alle Kabbalister som har gått igjennom den, beskrevet som svært tung, ettersom man må gi avkall på sitt lavere Jeg, og tilintetgjøre sitt Ego, til fordel for sin sanne identitet, sitt Høyere Jeg. Når denne operasjonen er fullbyrdet, kommer neste steg, hvor Aspiranten, nå kalt Adepten[81] skal ta sin mor, Dronningens plass ved sin far, Kongens trone. Dette henspeiler på den enorme prosessen å opphøye og foredle sitt Høyere Jeg til en slik sublim tilstand at man er i fullkommen pakt med Guds Vilje.

---

81 Lat: Adeptus = Kyndig, en vanlig betegnelse innen den Hermetiske Tradisjonen på en Aspirant som har oppnådd Kunnskap om, og Konversasjon med, sin Hellige Skytsengel.

Hva er så dette? Guds Vilje er et tilbakevendende tema i kabbalismen, men må ikke missforstås som en streng forutbestemt plan som mennesket må følge, ellers vil det bli straffet. Det er mange i verden som frykter Gud, en sann mystiker elsker ham. Spesielt den Hermetiske Tradisjonen fremlegger Guds Vilje som den naturlige kimen i alt som eksisterer, den takt og rytme alt følger om det er avbalansert og i fred med seg selv. En bedre betegnelse ville være Gudommelig vilje, en ukrenkelig og flytende strøm av væren som ikke opplever noen form for friksjon, hverken i sin egen resolutte klarhet, eller i møtet med den yttre verden, Microprosopus i Makrokosmos.

Muligheten for å handle "mot Guds vilje", er et resultat av at vi har fri vilje, og kan handle som vi selv ønsker (se Del 2). Dyr, som angiveligvis ikke besitter denne Guddommelige egenskapen, drives av sine egne drifter, og faller i naturlig takt sammen med omverdenen. Mennesket derimot, har på grunn av sin særegne erkjennelsesevne og bevissthet falt ut av denne naturlige sammenhengen, og henger i det tomme rom, hvor det må stålsette sin egen vilje for å bevege seg i en rettning. Enten det dreier seg om utvikkling eller tilbakefall. Foretar ikke mennesket seg noe i det hele tatt, stagnerer det kun.

Når man i prosessen med å oppnå Kunnskap om, og kommunikasjon med sin Hellige Skytsengel, finner sitt Sanne Jeg, forbinder Mikro med Makrokosmos, vil man i følge tradisjonen finne sin Sanne Vilje, og dermed kunne handle i takt med denne, for best å kunne *være seg Selv til sitt ytterste potensial*.

Allegorien med Kongen og Prinsen forekommer hyppig i Jødisk fortellerhistorie, ikke bare i Bibelen, men også i den Hassidiske Jødedommen etter Baal Shem Tov, hvor fortellinger brukes til å forklare bibelpassasjer, og komplekse åndelige teser. Samme teknikk brukes også flittig i Kabbalismen, spesielt i Zohar. Den har også satt sine dype spor i europeiske eventyr, hvor vi ofte finner skikkelser som Prinsen, uvitende om sin egen hærkomst, født i fattigdom, og som må utføre en nærmest umulig oppgave, og overvinne en mektig ondskap, for å vinne Prinsessen og halve kongeriket.

Og det er nettopp med dette Kongeriket vi skal begynne.

SEPHIROTENE

Ti sephirot av Ingen-Ting;
Ti og ikke ni,
Ti og ikke elleve.
Forstå med Visdom,
gjennomtreng med Forstand.
Skilne fra dem og gjennomtreng med dem.
La en ting stå for sin essens,
og la Skaperen sitte på sitt fundament.
For han alene er Formeren og Skaperen,
og det er ingen ved siden av Ham.
Og Hans mål er ti og de har ingen ende.

-Sepher Yetzirah

Vår primærkilde til kunnskap om Sephirotene er den tidlige
nevnte Sepher Yetzirah, skapelsesboken.

Når kabbalister beretter om de ti sephirot til elever for første
gang, er det ofte varierende i hvilken rekkefølge de tar dem for
seg. Noen går ovenfra og ned på Livets Tre, og følger da den
tradisjonelle nummereringen fra en til ti, mens andre igjen går
nedenfra og opp.

Klassisk sett så ses hele symbolet som et tre som har sine røtter i
Kether på toppen, og så vokser nedover, men det kan også ses på
som et tre som vokser fra Malkuth, og strekker sine grener opp
mot kilden der det kommer fra. Dette er henledet fra den gamle

læresetningen "Kether er i Malkuth og Malkuth er i Kether", samt en påminnelse om hvor vi og universet har vårt opphav.

Hvert sephira er som tidligere nevnt en tanke, en idé, eller et urkonsept, men kan også ses på som en egen kraft; levende og tilstede i alt som eksisterer, én av ti som alt består av, slik Sepher Yetzirah fremstiller det.

Utover et kosmogonisk studie, kan treet anvendes praktisk, enten som et kart over terskler mellom det menneskelige og gudommelige, eller som stadier i en innvielse, slik Golden Dawn bruker det. På denne måten kan treet beskues som en stige som mennesket klatrer oppover, på sin vei mot selvinnsikt og sin tilbakekomst til sitt opphav. Hvert sephira blir da en terskel som skal passeres, og en side ved en selv som skal forstås, bearbeides, og assimileres inn i det kronede mennesket. Av samme grunn fortelles det at hvert sephira har en såkalt "dyd" og en "last".
En positiv side, som den søkende må tillegne seg, og en negativ side som må bearbeides; slik at man forsoner alle splittelser i seg selv, og kan tre videre: både i livet, og oppover treet.

Forskjellige tradisjoner forteller om faste spirituelle opplevelser som finner sted når denne terskelen er krysset, i aspirantens søken etter sitt Høyere Jeg. Hvert sephira har også et såkalt "magisk bilde" tilknyttet det, som er en slags figurativ fremstilling eller sinnbilde av denne terskelen.

Min egen erfaring fra da jeg selv gikk i lære, er at man lettere relaterer seg til Livets Tre om man beveger seg oppover, og ser på Treet som en modell over psyken og prosesser man går igjennom i løpet av livet, ettersom gangen ovenfra og ned i større grad gjenspeiler en kreativ skapelsesprosess, og som derfor lett

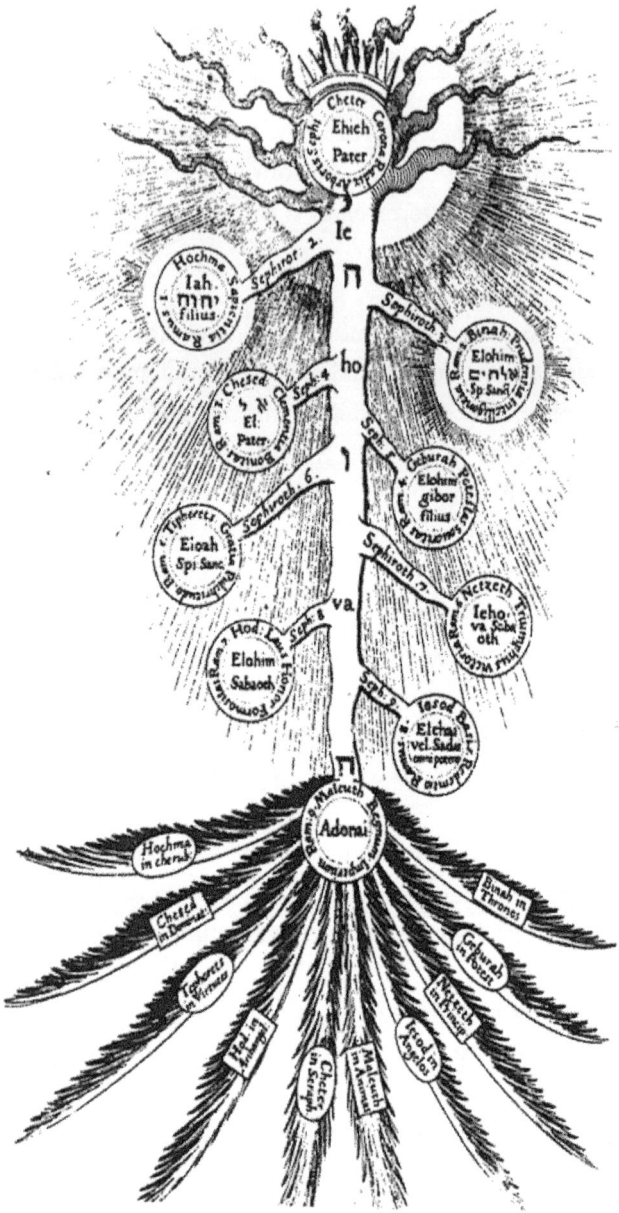

Livets Tre, med røttene i himmelen.
Robert Fludd - Historia Technica vol III 1618

blir for abstrakt til at man kan forholde seg til den uten å ha en grunnleggende forståelse av treet som helhet.

Det finnes to tradisjoner for både å lære livets tre fra bunnen av, og for å stige opp igjennom sfærene. Den ene er den rent mystiske veien som utelukkende går langs den midtre søylen, og som kalles Jacobs Stige.
Den andre er en lengre vei, og kan betegnes som mystisk-magisk-kontemplativ, og omfatter alle sephirothene. Den er illustrert ved slangen Nehushtan, som Moses reiste i ørkenen da han ledet de trellbundne fra egyptens mørke til den Nye Riket.

Det er denne metoden, som jeg selv lærte jeg vil benytte i denne boken. Den fordrer et kvikt og lærevillig sinn, og en uavlatelig prøvende innstilling. Som slangen må den søkende være bestemt på aldri å la seg stivne i noen form eller noe dogme på veien, kabbalismens største fare, i all sin intellektuelle spissfindighet.

Her er en nøkkel til en selverobringens port:
Mens åndsmenneskets tilblivelse var gjennom lysets nedsynkende koagulering fra det himmelske, ble mennesket av jorden formet fra jorden, og måtte reise seg opp.

Adam Kadmon må først bli Menneske, for deretter å *uskape* seg selv for å bli hva det var.

Sephira 10: Malkuth

מלכות

Malkuth betyr "Kongerike" og er det endelige sephiroth, på bunnen av livets tre. Det er fundamentet som hele skapelsen som utgår fra det gudommelige, og menneskelige hviler på.

Det er regionen hvor all tanke, alle følelser, drifter og vilje har sin endelige form, og hvor formene setter hverandre i bevegelse.

Malkuth danner basen for den midtre søylen og er selve grobunnen for treet. På samme måte som Kether, er den åndelige kilden til alt, er Malkuth roten til all form.

Som Kether er ånd, er Malkuth materien, og videre også materiell bevissthet, det fysiske plan og fullendt manifestasjon.

Det er sansenes rike, men også det sted hvor alle krefter har sitt utløp: her samles alle de øvrige sephirot i Assiah, handlingens Verden hvor alt bakenforliggende og ukjent blir synliggjort igjennom sine legemer, og legemenes handling.

Her er det mest kroppslige av det menneskelige legeme: benene, senene og vevet som utgjør det, samt organene kroppen sanser igjennom, som gir sjelen alle fornemmelse av lukt, følelse, hørsel, smak, og syn.

Materien som utgjør alle legemer i Malkuth, er de fire elementene jord, ild, luft og vann: den materielle verdens bestanddeler, som alle er refleksjoner av åndelige og umanifeste krefter: På samme måte som Microprosopus er en avspeiling av Macroprosopus.

Det finnes ingen del av menneskets indre som ikke er av ånd. På samme måte finnes det ingen del av kroppen som ikke består av materielle bestanddeler. Naturen har en intim forbindelse med menneskekroppen, for mennesket er et bilde av hele skaperverket, og Adams Kropp er dens fullendelse.
Hva utgjør så denne kroppen?

△ Ild er i naturen all form for varme og termisk energi, mens i vår kropp arter dette elementet seg som vår forbrennings evne; fordøyelsen.

△ Luft finnes i naturen som gasser, og er i kroppen respirasjonssystemet; lungene.

▽ Vann er i naturen alle flytende væsker og i kroppen slim og blod.

▽ Jord, som i naturen er mineraler og vev er den tetteste delen av vårt legeme; skjelettet, vev og muskulatur.

En balanse imellom disse er sentralt, for all bevegelse er blott samvirket mellom disse kreftene, og deres bevegelse skaper opplevelsen av tid: at alt er i endring her i Guds Tomrom.

Elementenes bevegelser i tiden utgjør jordens rotasjon, og verdens karraktér og egenart. Så lenge de er i bevegelse vil jorden opprettholdes, så lenge menneskekroppen endrer seg vil den leve. I det øyeblikket alle elementene skulle bli avbalanserte ovenfor hverandre, ville tiden opphøre, alle former brytes ned, og lyset trekke seg tilbake dit det kom fra.

Aristoteles drøftet dette i sin "Metafysikk".
Han forklarer elementene som motpoler til hverandre,
kretsende rundt en balansert akse i sentrum. Han så for seg at
det menneskelige helbred var helt avhengig av et kontinuerlig
equilibrium. Elementene ble av ham derfor rangert etter hvilke
egenskaper de besitter, og som han igjen gjenkjente i jordens
vindrettninger, slik de oppleves rundet middelhavet.

Ild er hos ham Varmt og Tørt som søndavinden
Luft er Varmt og Fuktig som østavinden
Vann er Kaldt og Fuktig som vestavinden
Jord er hos ham Kaldt og Tørt som nordavinden, eller det våre
forfedre kalte Septentrionen.

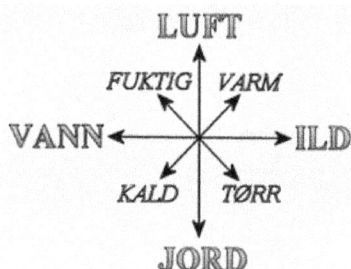

LUFT

FUKTIG VARM

VANN ←——✕——→ ILD

KALD TØRR

JORD

Den aristoteliske medisinske lære, hvorenn utdatert, fulgte en
klar logikk som også forløp seg til følelses og tankelivets helse
slik vi skal se senere, men om vi for eksempel utsatt for *for* mye
kulde og fuktighet (vann) svekkes kroppen, slik at vi står i fare
for å bli rammet av en sykdom som forkjølelse som bygger opp
elementet vann i kroppen (slim).
For å motvirke dette må vi tilsette motpolene til disse
egenskapene som er varme og tørrhet.
Dette synet på verden, kroppen og livet, som et evig forsøk på å

oppnå en ro og en balanse preger *diagnosen* av problemet med menneskets falne tilstand: Den verden det lever i er kontinuerlig i en slik endring og bevegelse, at det evige og tidesløse ikke kan skimtes, eller lar seg skimte. Den forgjengelighet alt har, når det brytes ned og tar nye former, er opphavet til alle menneskelig lidelse: intet består. Hverken glede, lykke, kjærlighet, eller mennesker og menneskenes bestrebelser. Samtidig består heller ikke lidelsen, smerten og hatet; alt hviskes bort ved døden. Og ved tidens ende, når universet ikke lengre har flere soler som bebor det, dør alt liv, og selv døden dør. Denne tiltroen til, og erfaringen av at også det vonde, og onde forgår, har gitt barne mennesket den feilaktige slutningen at det gode ikke kan finnes uten det onde, og at vi aldri ville kunne lære å sette pris på det gode om ikke vi hadde erfart dets motstykke.

Men, ville vi ikke alle søkt en uendelig lykke, om vi kunne? -Det ville være å bryte ut av- og reise hinsides Materiens Kongerike.

Men, det er her vi befinner oss, og skal vi forstå mennesket, hva det består av, og hva det må gå igjennom i sin utvikling må vi ta utgangspunkt i hva vi har. Og er det en ting, kun én, som vi eier så er det våre liv. Alt av formue, penger og ting, kan vi ikke si at vi eier, men snarere eier oss. Er det noe som ikke kan tas fra oss, så er det råderetten over våre liv. Når det ikke finnes lenger, eller livet selv er stålet, så er det heller ikke noen som *kan* eie noe.

Den søkendes første oppgave, er å betrakte sitt liv, og sin kropp, i den mest fullkomne fordomsløshet. Uten å tilskrive hverken kroppen eller verden noen gunst eller last, må vi lære å la sansene fortelle det de forteller oss, uten å instinktivt la følelsene og tankene dømme det.

Først etter en lang doms-askese over det materielle, vil man bli istand til å se alt i et nytt lys, og for hva det var.

Den andre oppgave for den som vil se bak malkuths tunge slør, er å se til at det blir reist et rom for et åndelig, eller fritt liv: et kroppens tempel.

Så lenge man har et legeme som følgesvenn, og det har vi alle, så må man se til at den har det godt, og får det den trenger. En utpint, uthungret, forsømt eller syk kropp erobrer fort hele ens bevissthet, tid, dømmekraft, og evne til å leve det livet en ønsker for seg selv.

Man må alikevel, opprettholde en nøkternhet til hva kroppen ber om for å billiges, den har en tendens til å la sin hunger forøke mens magesekken utvides. Dette gjelder alle kroppslige forlystelser.

En lignelse av det livet kabbalisten må bygge, er det utvikling menneskeheten selv har hatt, fra den første tiden da vi virkelig var barn av naturen, men også dens svakeste treller.

Kravet for en stabil tilværelse hvor et indre liv kan gro, er selvfølgelig tilstrekkelig varme, ly for elementene, rett næring og noe så prosaisk som regelmessig avføring.

Utover å ta vare på sin egen kropp så er det sentralt å ha en regelmessig og pålitetlig tilgang tilalt dette, for å kunne få tid til i det hele tatt å tenke.

Blant de første sporene vi som mennesker har lagt bak oss er hulemalerier, portretter av jakt og matsanking. Kunsten er forholdsvis unyttig for å overleve, og svært tidkrevende å tilvirke, og et menneske som hele tiden er tvunget til å jakte på mat, skulle ikke ha tid til slikt. Derfor tenker man seg at disse hulemaleriene ble til når stammen hadde nok mat til å kunne hvile og forlyste seg. Vi ser og ut ifra temaene på disse bildene at jakt var den fremste aktiviteten som urmenneskene var opptatt med, frem til det stadiet da maleriene dukket opp.

Senere, da man lærte å holde buskap og dyrke jorden, trengte man ikke hele dagen til jakt, og kunne begynne å formulere en religion og en teknologi. Man kunne da bygge de første boliger, sanke mat fra jorden og slakte husdyr.

På samme måte kan ikke et menneske i dag som bruker hele sin tid på en karriere og arbeid, ha tid til studier og selvransakning, om ikke behovet for penger til selvoppholdelse er dekket.

Et hemmelig navn på Malkuth var en gang 'Shaar' eller Porten. For det er igjennom den, ved den, og på tross av den at mennesket kan bli mer enn ren materiell eksistens, men et *levende* vesen.
Og det er nettopp igjennom betrakningen av ens egen kropp, naturen rundt seg, og sammenhengen mellom disse, at man begynner å spore materiens oppav fra de tegn og merker som er innskrevet i den.

Malkuth er materiens rike, og det er derfor lett å ha et overvektig fokus på den tilsynelatende ikke-åndelige naturen dette sephiraet innehar. Dette er en naturlig beskaffenhet med dette endepunktet i all skapelse, men ettersom alt åndelig har sin fullbyrdelse her, er også malkuth den første læremester man har.

Sephirothene blir beskrevet både som verdener, tilstander og vesener: derfor er det også tilskrevet sinnstillstanden, eller værensformen Malkuth en dyd, og en last. Disse er ikke normative regler, men mystiske nøkler til å kunne passere denne første terskelen.

Den klassiske dyden som tilhører Malkuth, er diskriminering; ikke fordomsfull bedømmelse, men snarere evnen til å skille en ting fra en annen, ånd fra materie, lys fra mørke, det som er, fra det som ikke er, hvordan ting er, fra hvordan de ikke er, dyd fra last. Dette gjenspeiler utvilsomt på den symbolske handlingen å spise fra Kunnskapens Tre, og kjenne Godt og Ondt.

Denne ferdigheten kan som sagt aldri tilegnes uten å praktisere fordomsløshetens askese, ved å våge å slippe sine verdier i en periode, for så å være åpen for å vinne nye.

Malkuths last er tofoldig: griskhet og dovenskap. Dette er farene ved å sette det sanselige livet på menneskeskikkelsens trone som eneregent. Kristne kabbalister ser på dette som Satans fremste og letteste våpen i sin kamp med å vedholde mennesket i glemselens mørke.

Askesen, og det rendyrkede fokuset på Malkuths sfære vil i lengden føre til en tørrhet i sjelen til den søkende, uavhengig av hvor stor dedikasjonen er for å komme videre. Dette er naturlig, og til og med det ønskelige delmålet i prosessen: i denne tørrheten når arbeidet i sephiraet sitt klimaks, det som Tradisjonen forteller er den Spirituelle Opplevelsen i det enkelte sephirot. Dette er tegnet på at man skal gå videre, og at prosessen er forseglet i denne omgang.

I Malkuth, som er en refleksjon av alle sephirotene, men fremst

Alle ting er i Malkuth, og derfor også i Mennesket.

"Visita Interiora Terra Rectificanto Inveniens Occultum Lapidem"
L'Azoth des Philosophes, Basilius Valentinus, Paris, 1659.

av alt de på treets midtre søyle, forekommer det, alltid på et uventet tidspunkt at den søkende plutselig blir henrykket og får en visjon av det som av Abra-Melin kalles den Hellige Skytsengel, den indre forløseren, eller det Sanne Jeg.

En høyst personlig, inspirerende, livgivende og oppklarende åpenbaring av den søkendes mest åndelige midt i den rene materielle tilstanden Malkuth representerer. Den søkende som betviler sitt syn, har i samme øyeblikk fått beviset for at det ikke var det rette. Man vil alltid vite når dette har skjedd.

Sepher Yetzirah kaller Malkuth for "Strålende Intelligens". Intelligens brukes ofte om sephirotene ettersom de ikke bare symboliserer en idé, eller en energi, men også en bevissthetstilstand, her må man vise stor dømmekraft og diskrimineringsevne når man kontemplerer dette navnet.

I malkuth, den 'døde' materies rike, skinner også solen, som et tegn, minne og en forespeiling på den Indre Sol alkymistene taler om. Men likefullt, man må aldri forveksle bildet med motivet. Den synlige sol er ikke åndens, for den har sin bolig i mennesket hjerte.

Av de syv planetene man kjente i antikken, er det også tilskrevet sephirottene en korrespondanse. Dette er mytiske nøkkler som gjør at vi kan lese et sephira som en myte tilhørende en av antikkens guder. Planetarisk sett så representerer Malkuth jorden. Sentrumet i astrologien med de øvrige plantene kretsende rundt i et geosentrisk verdensbilde hvor mennesket løfter sitt blikk opp mot himmelen. Vi kan derfor se på Malkuth som mennesket, og kroppen som et fundament hvor de øvrige planetene hele tiden har sin innvirkning, på samme måten som Solens tilstedeværelse skiller mellom dag og natt, og månen lage flo og fjære.

Det tilkommer også sephirottene det som kalles et 'magisk bilde' man bør meditere nøye over. For malkuth er dette en ung kvinne sittende på en trone: Dette er Prinsessen, den siste av den adelige familien i tetragrammaton.

Malkuth er det tiende sephiroth, og bærende dette tallet inneholder det også alle andre tall, samt deres rot: For ved kabbalistisk reduksjon legge man dets bestanddeler sammen og får igjen det siffer fra hvor alt startet i enheten: $1+0=1$

Sephira 9: Yesod

יְסוֹד

Kabbalisten og forfatterinnen Dion Fortune[82] sier i sin "The Mystical Qabbalah" at et enkelt sephira ikke kan forstås uten å settes i sammenheng med sitt motstykke. Dette er ikke mindre sant for Malkuth, som ikke bare sammenfatter de øvrige sephirot, men som også er et motstykke til Yesod.

Alle sephirot oppstår som mottakere for det lys som renner, eller videre-emmanerer over fra det foregående.
Malkuth er det siste leddet i denne kjeden, det endelige fartøy for det uskapte lyset, hvor det samles og fullendes, før det igjen vender tilbake.
Kongeriket, hvilket er malkuth, er derfor jordens og all manifestasjons rike: handlingens arena og scene som vi kaller Assiah, i kabbalismens lære om de fire verdener.

Yesod, er ikke av denne verden, men er det siste sephira i Yetzirah, eller formenes verden, som tilhører prinsen, eller Sønnen.
Det er i denne verden at all tanke, følelse, vilje og begjær har sitt samspill: det er sjelens rike. Hvorfor er dette formenes verden kan man undre seg? Det er fordi alle sider ved det vi kjenner som vårt indre liv tar former her. Alle de indentiteter og roller vi har skapt, tildratt og blitt oppfostret til, tar i sjelen form av masker. Personlighetstyper, være-, føle-, og tenkemåter som i vår egen myte er like mektige som antikkens guder, helter, antihelter og demoner.

---

82 Hennes egentlige navn var Violet Firth, og hun var medlem av Golden Dawn (se del 2)

Denne uutømmelig rike verden, som endog har bolig i oss er mikrokosmos og microprosopus: vår egen verden som vi selv befolker og lever i.

Alle disse rådende sjelskreftene, har sitt endepunkt og fartøy hvor de samles, før de settes i live i Malkuth. Dette stedet er Yesod, som betyr "Fundament".

Alle de lover og regelmessigheter vi ser med våre sanser utspille seg i Malkuth har sitt utspring i Yesod, som fra et skapelsesperspektiv fra oven en den belivende, og åndelige kraften i alt som har en materiell skikkelse.

Yesod er en sfære som er uangripelig, ikke på grunn av sin kompleksitet, men grunnet sin kaotiske og dyriske natur: så nært bundet til livets rot. Mens de fire elementer har sin synlige form i det tiende sephiroth, har de alle sin kraft i Yesod.

Her er også opphavet til alle bevegelser og funksjoner i menneskekroppen, det spill av krefter som holder oss i gang, selve senteret for våre instinkter og vår drift, vår underbevissthet. Når vi løfter høyre arm, så tenker vi ikke over hver eneste motoriske muskeloperasjon, vi konsentrerer oss ikke om at nervene skal kommunisere med hverandre eller at pulsen skal økes for pumpe nok blod ut i årene, det skjer automatisk.

Yesod, underbevisstheten vår kommuniserer dette ønsket fra vår vilje, som er overlagt den, ned til kroppen uten at vi må være ved full bevissthet på det vi gjør. Yesod kan derfor lignes med sentralnervesystemet i kroppen, som dirigerer signaler til de forskjellige lemmene på forespørsel av vår egen vilje, eller på egenhånd som et resultat av et instinkt. Disse kroppsfunksjonene er heller ikke alltid kontrollerte. Kroppen kan synes å styre dem på egenhånd, eller være underlagt en yttre syklus, som f. eks med kvinners menstruasjon som ikke er kontrollert av kvinnen selv, men som følger en tilsynelatende selvstendig rytme.

Denne mangelen på kontroll over noe i seg selv, sammen med den tilsynelatende autonomiteten som råder i oss; at noe går av seg selv, er selve kjernen i Yesods mystiske utfordring.

Dette, som er den nederste region i vår sjel og bevissthet, er en tåkeheim, hvor alle de fenomener som forekommer og forløper i vårt tanke og følelsesliv siver sammen i en ugjennomsiktig sky, som dekker den klare tanke og innsikt, samtidig som den skjermer oss fra det vi ikke er rede til, eller klare for å se.

Sett fra både Jacobs Stige og igjennom slangen Nehushtans øyne, som begge strekker seg oppover treet, er dette det siste sephira på den midtre søylen. Det er denne samlende funksjonen Yesod har som gjør kraften her så sammensatt og uoverskuelig.

Mens man kan hindre kroppen i å innta næring ved regelrett ikke å føre brødet til munnen; kan man ikke hindre sulten selv - som har sitt sete i Yesod sammen med de øvrige lyster, drifter og impulser vi er skapt med.

Alle krefter som finnes i de øvrige sephirot finnes også her og vi må derfor tre varsomt frem gjennom malkuths terskel: som åndsmennesker bør vi ha alle våre primærbehov tilfredstilt, og tilværelsen levelig rent materielt sett. Bevisstheten bør nå rettes sakte innover, og iaktta kroppens og naturens sykluser. Mennesket ser at det er underlagt lovmessigheter som tyngdekraften, at dag kommer etter natt, etter flo kommer fjære og så videre. I kroppen ser vi at etter arbeid kommer trøtthet, etter ungdom kommer alderdom og etter liv kommer død. Disse syklusene som vi observerer i Malkuth er styrt av Yesod, som igjen kun er en administrator for de kreftene som dette sephiraet selv er underlagt. Spørsmål om hvor tankene kommer fra og hvor våre følelser har sin opprinnelse dukker også opp. For disse er ikke til stede i naturen selv, og kan ikke oppfattes med Malkuths fem sanser.

Som Malkuth er en port fra kroppen, er Yesod en port til det underbevisste, derifra videre til alt hva vår bevissthet er. For her kolliderer alle de fire sjelsevnene representert med de fire elementer i hverandre, og blir uatskillelige i sin voldsomme reaksjon. Når tanker og følelser strides med den Sanne Jeget, koker det opp en veldig tåke, som blender oss fra det sanne lyset. Denne uklarheten er alltidsnærværende, og vi har som med kroppen, lært oss å leve med den, eller på tross av den, og reagerer ikke i vårt dagligliv på at den er der. Alikevel skimter vi den, og uklarheten gjør seg tydeligst i de øyeblikk når vi lukker øynene og vender oss innover i oss selv: i dagdrømmeriet, i fantasien og søvnen. Likeledes når vi trer ut av disse tilstander.

Forgjeves forsøker mange å gripe om denne tilstanden mellom tilstander, som kun unnviker raskere jo mer man strekker seg etter den. Dette er spillereglene i Yesods hemmelige verden, for som det er underbevissthetens domene, er det også drømmenes rike.

Her ligger nøkkelen til å mestre Yesod: å unnlate å gripe, klamre og befeste. Dette er selve den myke og avstemmende delen av oss, som har til hensikt å føye alt hva vi er sammen på en rolig og ustrukturert måte, hvor klarheten i dagens bevissthet dulges og tolkes i nattens drømmer. Her er irrasjonalitet, men også flytende tanke, oppflammende begjær, men også stille bedagelighet.

Og slik må vi vandre videre. Om vi skal kunne både utvikle vårt indre syn og evne til selvanskuelse må Yesods tåke bli like fortrolig for oss som vår egen kropp. Om vi søker splintre denne tåken, vil den umiddelbart trekke seg sammen der riften oppstår.

Slår man i mot den, som en sten i en dam, vil bølgene vi skaper slå tilbake på oss, med lange etterdønninger. Denne rytmiske, bølgende beskaffenheten vår bevissthet har, er noe man skal betrakte og forstå, men fremfor alt respektere. Livskraften som er kveilet sammen her er så sterk, at om man pisker eller tøyler den vil den alltid bruse opp til sterke vinder.

Det mest dyriske uttrykket mennesket har for sin livskraft er seksualiteten. Det er igjennom den vi selv ble skapt, og selv igjen kan skape. Den leder oss, driver oss og pisker oss igjennom det gryende livet i puberteten, og fortsetter å påvirke oss på de mest subtile og brutale måter. Den er også en velsignelse og den fremste form for beruselse vi opplever, den besjeler oss og inspirer oss. Av samme grunn må vi også forsone oss med vår egen seksualitet, som med alt annet: vi må aksepter alt det vi er, og ikke tvinge det inn i andre former enn det vi selv føler er rett. Aldri skamme oss, aldri fortvile, aldri straffe: for da bryter stormen ut på ny.

Planeten som korresponderer til Yesod er månen. Det himmellegemet som er nærmest oss som jorden: og er det eneste planetlegemet som har sin bane rundt oss. Dette er en god lignelse over yesods forhold til malkuth, men også seksualiteten og underbevissthetens forhold til kroppen.

Månen styrer flere sykluser på jorden med sitt gjevne kretsløp: tidevannet og de bunnløse havene er dens tjenere.

De Fire Elementers Kaos

Robert Fludd "Utrisque cosmi ... Historia De Macrocosmi"
Oppenheim 1617. stikket er av de Bry.

I oldtiden trodde man også at kvinnens menstruasjonssyklus, og selve jordens fruktbarhet var nært knyttet til månens egne faser.

Hva gjør så månen? Den ser ut som den lyser, men gjør det ikke. Den reflekter lyset fra Oven, og ned til jorden. Når dens make solen ikke er å se da natten har senket seg, speiler den sin husbonds stråler ned til oss. Dette er nok en lignelse over Yesods forhold til de øvrige sephirot i sjelen: når våre tanker unnslipper oss, når vi undertrykker våre egne følelser, da speiles de i jordens vann igjennom Yesods måne.

Yesods terskel, er å skille mellom illusjon og virkelighet. Den diskrimineringsevne man tilegner seg i Malkuth må utvikles videre, slik at den også kan brukes i det indre liv, og med samme tilbakeholdne betraktelse. Kun igjennom dette vil tåken etterhvert lette, ikke ved at den splintres, men ved at den tynnes ut og letter i solens varme. Da forsvinner båndene våre drifter og impulser har over oss, og vi kan som slangen kveile oss rundt dem, men aldri ut av dem.

Den søkende må derfor nok en gang foresette seg en asketisk øvelse: men ikke lenger en vurderingens, men snarere en handlingens faste. -Ikke i det yttre livet, men i det indre.
Som en som sitter stille en vinternatt og skuer opp på stjernehimmelen i sneens tause skjønnhet, må man tillempe seg evnen å først la seg synke ned i sin bevissthets eget mørke. Der, uten å falle i søvn, og la seg drive avgårde, må man opparbeide evnen til å kunne betrakte de krefter som råder i ens lavere følelses og impulsliv: la dem oppstå, utspille seg, og svinne hen, uten den minste antydning til å ville gripe inn og endre dem. For i samme øyeblikk vil kun flere fenomener oppstå, utspille seg, og svinne hen, og tåken tiltettne.

214

Når denne prosessen når sitt klimaks, inntreffer den spirituelle opplevelsen som tilfaller Yesod: Visjonen av Universets Maskineri. Ut av sinnets tåke vil det stige frem en klar og åpen forståelse av de prosesser som virker i dypet av ens eget vesen, i andre mennesker, og seg selv og dem imellom.

Yesods dyd er uavhengighet, og dens last er stillstand.
Den som frir seg fra sine egne bånd, er halvt fremme ved målet. Faren med Yesods sensuelle bedagelighet, er at man trekkes med av den så sakte og forsiktig at man grunnstøter på underbevissthetens fjell uten å merke det, og havarerer der for alltid.
Den aspirerende kabbalist må komme i takt med sin egen natur og sine egne sykluser, samtidig som han eller hun ikke må være underlagt dem.

Det magiske bildet til Yesod er en naken mann, med et atletisk og sterkt utseende, urformen i Adam Kadmons liv: hans Chiah. Dette bildet er ikke Adam Kadmons innerste vesen, det er kun en refleksjon som fra månen.

Yesods nummer er 9, eller skrevet på en annen kabbalistisk måte, $3+3+3=9$ evt. $3*3=9$, $9/3=3$.
Dette tolkes ofte som at det er tre krefter som virker i Yesod, og som er i en kontinuerlig tilstand av sammensmeltning og oppløsning.

Yesod kalles av Sepher Yetzirah for "Den Rene Intelligens".
Dette er kun et tilsynelatende paradoks, og som vedrører nøkkelen til å traversere denne terskelen.
Vi er skapt slik vi er. Det som er det er, og må ikke klandres, selv om det skal gjenreises. Jeg er den jeg er.

Sephira 8: Hod

הוד

Fra Yesods drømmeverden, reiser vi oss som slangen oppover i den Yetziratiske formverden, og for første gang bort fra mildhetens søyle.

Hod, som betyr "prakt" former, fundamentet på Strenghetens Søyles, og står der tvers ovenfor sin brudgom og motstykke Netzach, på bunnen av Nådens Søyle.
Hod er slik forbundet i et triangel med både Netzach og Yesod, og danner her den venstre ekstremiteten av de tre.

Strenghetens søyle har fått sin betegnelse, fordi de sephirotter som utgjør den, alle har en feminin karrakter, som de har fra Binah, urmoderern på søylens kapitél, og fordi de alle står i et reseptivt forhold til sine motpoler på Nådens Søyle, slik Hod er for Netzach.

Som datter av Binah, Forstanden, er hod vår Tanke. Hvorfor er dette et feminint sephira kan man spørre seg. Årsaken ligger i det kabbalistiske skillet mellom det maskuline og feminine, som strekker seg ut over det rent kjønnslige og arketypiske.

På samme måte som lyset har sin sammentrekning i Tzimtzum, har en hver bevegelse i sjelen sin kontrakterende etterdønning. Netzach, som vi skal se i det neste kapittelet er følelser, og deres sammentrekning, eller kondensering er Tanken.
Mens våre følelser, i kabbalismen, står nærmere det gudommelige

og høyeste genius i oss selv, er tanken blott de samme følelsene, ikke lengre frie, flytende og intuitive, men i Hod strukturerte, ordnede og mer manifeste aspekter av det samme.

Dette argumenteres det videre for, ved at tanker og følelser ofte står i et spenningsforhold til hverandre, og drar oss i to motstridende retinger. Dette illustreres på livets tre ved at tankene og følelsene ikke bare er to forskjellige sephira, men befinner seg på forsekjellige søyler. Hod ses på som feminint, eller reseptivt, ettersom intellektets funksjon er å samle sammen forskjellige typer inntrykk og tanker, for så å sette disse i form og system. Rent psykisk kan vi si at et sanseinntrykk (f. eks et ord som høres) blir observert i Malkuth, absorberes i Yesod for så å treffe oss i Hod og Netzach, hvor det inntar sine yetziratiske form som et tanke- og følelsesinntrykk. Dette inntrykket erfares så av vårt 'jeg' høyere opp på treet, og innprentes samtidig som et minne i vår underbevissthet i Yesod.

Når vi på den andre siden skaper oss en idé, eller et indre billede, et budskap som vi ønsker å formidle, springer dette ut fra vårt 'Jeg', som så i tur formulerer dette i intellektet, Hod, som så lar det synke ned i Yesod (underbevisstheten) som til sist iverksetter dette som en Assiatisk handling i Malkuth, hvor leppene beveger seg, stemmebåndene vibrerer og lungene blåser ut luft.

Hod har, spesielt i den Lurianske kabbalah, en spesiell rolle når vi mediterer over kommunikasjon.
Vår evnte til å tale, er i større grad knyttet til vår tanke enn våre følelser, som styrer en langt større, rikere og mer umiddelbar form for kommunikasjon, de subtile kroppslige uttrykk som utgjør brorparten av vår måte å formiddle oss selv på.
Men tanken og ordet er også et premiss for tenkningen. Vår evne

til å abstrahere alle de fenomener vi opplever, både dem som kommer utenfra, og dem som oppstår i vårt indre.

Uten denne evnen, ville vi i vår adferd stå langt nærmere dyrene, og være foruten evnen til å vurdere, navngi og skille mellom de sjelelige bevegelser vi har.

Hod er derfor attribuert til planeten Merkur, som er den romerske formen av den greske Hermes, gudenes budbringer, og psykopompen: som kunne stige ned på jorden, og endatil ned i dødsriket. Han kan representere den årvåkne klarhet som setter oss i stand til å sømfare oss selv, og vedholde det vi måtte finne, selv i de mørkeste avgrunner og de mest blendende høyder. Han var slu, og fikk innpass over alt, og hans navn ga også opphave til det metallet som alkymien har attribuert til Hod, kvikksølvet, mercurium, som er både fast og flytende på samme tid, men alltid vender tilbake til sin urform, selv når det splittes opp.

Merkur og Hermes var også holdt for å være oppfinneren av talen, matematikken og alfabetet, da han igjen var tuftet på egypterens Thoth, slik vi har sett tidligere.

I menneskets utvikling, kan vi i Hod se menneskets første steg imot å prøve å forstå sin egen omverden. Ikke lenger bare aksepteres solens gang over jorden, men nå utvikler man forklaringer og spekulasjoner om hvorfor, hvordan og hvorfra, basert på en indre fortolkning av yttre inntrykk. Den samme gryende forstand rettes også innover og man spekulerer over sin egen eksistens kroppens eget virke.

På et personlig plan ser vi nå det søkende mennesket, som trenger igjennom sin egen underbevissthets tåke, og impulsenes evige blendverk, og tar i bruk sine resonerende evner, til å sette alle de forskjellene det observerte i Malkuth i system. Ikke lenger er alle inntrykkene bare enkeltstående hendelser og objekter, men

Å bryte ut av Tåken og vinne Tankens Klarhet

Camille Flammarion's
L'atmosphère: météorologie populaire (1888)

viser seg nå i en sammenheng med andre, og hvordan de kan brukes til forskjellige formål.

I Sepher Yetzirah kalles Hod for "Den absolutte" eller "perfekte intelligens", som henspeiler på denne klarheten som nå har oppstått i sjelens vann, hvor micro- og macroprosopus nærmer seg hverandre. Det er også derfor at Hods sfære er preget av elementet vann.

Denne klarheten medfører også et moralsk imperativ, et mystisk liv i sannhetssøken forutsetter at man lever ut det man søker.
For å finne sannheten, må man også være sannferdig, både ovenfor seg selv, og sine medmennesker.

Naturlig nok, er derfor den klassiske dyden av Hod sannferdighet, mens lasten er løgn.

Tittelen "Den Absolutte" peker også på sannhetens natur, om vi lærer noe å kjenne, i dets innerste vesen, må dette vesen være noe stabilt og uforanderlig, som sannheten selv.

Hods terskel er derfor å trene sitt sinn i klarhet etter å ha forlatt Yesods tåke. Det er ikke bare en intelektuell, men også en motets og standhaftighetens ferdighet å våge å følge alle tankerekker til en konklusjon: dette er hva mystikere til alle tider har kalt kontemplasjon.

Dette er derfor også hva den søkende skal gjøre. Fastene fra Yesod og Malkuth er nå over. Man har levd utenfor sine tidligere oppfatninger så lenge at man nå er klar til å begynne en gjenskapelse av seg selv og legge grunnstenene i sin egen mystiske tenkning og verdensbilde. Ikke lengre med ferdige stener hugget til av andre, men av en selv.

Fra nå av må man ta alle tanker, oppfatninger og innfall som kommer til en alvorlig, da vår Yetziratiske sjel kun består av de tanker og følelser vi bærer i oss, må vi lære å kjenne dem fullt ut. Man må ta med seg diskrimineringsevnen fra Malkuth, og veie alle tanker nøye, stille spørsmål ved dem, la svarene gi opphav til nye spørsmål, og søke å besvare dem. Man kan ikke lenger tillate seg å bli rykket bort, distraheres eller avledes i denne øvelsen, for slik å drive tilbake til Yesods tåke, men om dette skulle skje, hanke seg selv inn igjen, og fortsette der man slapp tråden.

Dette må ikke skje på en brutal måte, for da vil kun tåken tiltette, men heller med en rolig og fattet sinnsbevegelse tilbake til der hvor stien splittet seg.

På denne måten vil man få klarhet i hva man tenker, hva man mener, hvorfor man mener det, og ikke minst, hvordan man tenker. Ved å avsløre disse indre mekanismene i seg selv vil man vinne ny, og vedvarende selvinnsikt, selv etter kun kort tids praksis.

Mennesket skiller seg fra dyrene grunnet dets egenskap til å forstå naturen, selv om det er et produkt av den. Dette er et eksempel på Hods dyd, men samtidig frister det å si at mennesket skiller seg fra dyrene grunnet sin evne til å misforstå naturen, oss selv, og skape teorier som gir det lettvinte svar, som ikke er for vanskelige å leve med. Og om vi skulle bli møtt av noen som motstrider oss, så er vi så alt for raske til å trykke vår overbevisning på dem.

Når arbeidet når sitt klimaks i Hod, inntreffer den spirituelle opplevelsen, som er en visjon av prakt og storslagenhet, nært knyttet til den klarheten man har oppnådd. Det er som en hard vandring oppover i en tett skog, hvor krattets labyrint blir tettere, og bakken steilere jo lengre man vandrer. Men til slutt, kommer man over tregrensen og befinner seg på en fjelltopp. Under en åpner landskapet man har vandret i seg opp, og man kan nå se alle de veiene man har vandret ovenfra. Nå først blir stiens, skogens og krattets mønster klare, og man vil aldri kunne gå seg vill på samme sti igjen.

Hods Magiske Bilde er en hermafroditt, bærende alle motpoler og motstridigheter i seg, men allikevel et helt og fullkomment vesen.

Sephira 7: Netzach

נצח

Netzach befinner seg på den motsatte siden av Hod, og danner der fundamentet for Nådens søyle.

Denne representerer den maskuline kraft i skaperverket, og utstammer fra Chockmah, Visdommen.

Som alle sephirotter på Nådens Søyle, er Netzach en utstrømmende og aktiv kraft, og som har sin brud og sitt motstykke i Hod.

Det er slik dette sephira best kan forstås, som motsettningen til sin make, intellektet. Netzach er følelsenes rike, begjæret, og inspirasjonens kilde. Her finner vi pasjon, utfoldelse og delaktigheten, mens Hod er en sammen- og tilbaketrekning i det intellektuelle.

Denne blomstringen er en kilde til det ekstatiske i mystikken, den naturlige og lette hengivelsen til det hellige, og til livet: inspirasjonen og ynden som fort visner i teologiens domene.

Mystikere er ikke skriftlærde og fariseere, men bruker sin kunnskap som et verktøy for å sette ord på sine opplevelser, og for å sette seg i stand til å kunne formiddle dem til andre. Foruten en dypt rotet glede og begeistring over arbeidet henfaller man til dogmatikk, fremfor nyskapelse, trangsynthet og fordomsfullhet fremfor nyskjerrighet og vitebegjær.

Mange mystiske rettninger, og særskillt de kristne, har hatt som hovedmetode og mål, å utslukke mennets begjær, og fordrer en askese fra gleden, nytelsen, begeistringen og følelsene, for derved å søke en stillhet i hjertet, for ro og kontemplasjon.

Louis-Claude de Saint Martin skrev: Vi er ikke asketer, for faste fører kun til tørrhet: først i legemet, så i sjelen, og til sist i ånden.

Han var selv en av grunnleggerene av Martinismen, en ikke rent kabbalistisk, men likefullt esoterisk kristen innvielsesvei. Han fordret at mennesket skulle ta avstand fra sin egen sløvhet og likgyldighet, men alltid la sitt spirituelle arbeide være preget og inspirert av et levende begjær: den hemmelige og Hellige Ilden som brenner i menneskets hjerte. Det er den samme begeistringens[83] ild som er årsaken til at dette elementet er det som er tilskrevet Netzach.

Dette levende begjæret skal dyrkes av den søkende, for dette er også Netzachs terskel, å ikke lengre legge bånd på det i en selv som skal strømme fritt i hjertet.

Når man begrenser sine følelser, sårer man seg selv på det dypeste. Man bryter musikken i ens eget liv. Dette gjelder såvel som i gleden som i sorgen. En brutt glede ødelegger kun en god stund, men om man ikke tillater seg å sørge, påfører man seg selv dype arr, som til sist vil tette Yesods tåke, og skape ly der for mørke krefter.

På samme måte som et sanseinntrykk opptas i Malkuth, absorberes i Yesod for så å bli til en tanket i Hod, vil samme fenomen nå oss i Netzach, og gi oss et sterkt eller subtilt emosjonelt inntrykk. Hod og Netzach er hva vi kan kalle to følehorn som 'jeget' er i besittelse av.

---

83 Begeisting kommer av det tyske Begeisterung - at noe fylles av Geist, eller Ånd.

Derfor må den søkende, på samme måte som den tilegnet seg en tankens klarhet i Hod, vinne den samme enhet og gjennomsikt i sine følelser.

Her begås de mest graverende feil på veien.

Menneskesinnet, og vår kultur, baserer i så stor grad all vår forståelse på språk, tekst, ord og tanker, at vi som en selvfølge bruker disse Hods verktøy når vi skal fatte våre følelser.

Men dette er ikke mulig, en av Yesod-tåkens listigste snarer er å lokke mennesket til å føle med tankene og tenke med følelsene.

Vi sier gjerne at vi 'sitter og tenker', men sitter vi noen gang og føler? Følelsenes rike er ikke ordenes, dikteren bruker sin prosa for å vekke dem i elskedes hjerte, ordene er hans budbringer.

Musikken, bildene og formene hører følelsene til, og det er disse den søkende kan anvende seg av i sitt arbeid.

Aspiranten skal observere sine følelser, se hvordan de oppstår, og hvordan de utspiller seg. Og dette uten å la tankene gripe inn og stoppe musikken. På samme måte som i kontemplasjonen må han derfor forsiktig stillne tankens røst, og la følelsene få fritt spillerom. Men dette er ikke et observasjonsarbeide: følelsene sitter så nærme roten av vårt genius, vårt høyere og innerste jeg, at man ikke kan erfare dem uten å delta i dem.

Man må derfor, med samme mot, men ikke like standhaftig la dem få utspille seg, ved å våge å la seg rive med.

I denne prosessen oppstår det en paradoksal utfordring for den søkende: følelsene som man slipper fri og lar utspille seg, må ikke få lov til å spille over fra hjertets lønnkammer, og ut i de deler av livet hvor de ikke hører til. Kabbalisten søker å bli et fullstendig livs-tre i seg selv, hvor alle hans åndelige bestanddeler blir avdekket og levendegjort for ham. Men disse kreftene som vekkes, vil lett kunne drive ham til å endre hele sin adferd til å uttrykke dem uvørent og uten noen begrensning.

Midt i denne frigjøringen som hører Netzach til, er det derfor av største viktighet å betrakte seg selv som en farkost for det Hellige, en kolbe som alkymistene kalte det.

I denne beholderen, dette paradis i bevegelse, må man rendyrke sidene av seg selv, og ikke la dem spilles som perler for svin.

Mysteriet i Netzach rører ved dette, å frigjøre seg i sin lukkede sjel, for deretter å kunne åpne seg mot solen. For om følelsene i denne kolben brenner uten å være trygt forvart, fordamper dens innhold og blir tapt for alltid.

Igjennom dette arbeidet, vil man føle hvordan man skifter imellom forskjellige værenstilstander, på en helt annen måte en om man bare betrakter sitt vanlige adferdsmønster, og man vil kunne forstå kilden og spillet i sin egen og andres livsild.

I denne rike strømmen, vil man etter en tid finne de følelser som har sin rot i begjæret etter det hellige, og man nærmer seg i samme øyeblikk det Hellige i en selv, hvor og klimakset i dette arbeidet er en visjon av fullkommen skjønnhet, både i en selv og i alle ting.

Netzach betyr "Seier", eller "Triumf", og det kan her siktes til at følelsenes tordnende stillheten seirer over tankens ord, som bryter dens flyt, og slukker dens ild.

Planeten som tradisjonelt blir assosiert med Netzach er Venus, som har sitt navn fra den romerske gudinnen, eller Afrodite som vi kjenner henne fra Hellas. Hun var kjærligheten, fruktbarheten og skjønnhetens Gud, som kunne vekke selv de døde menn fra deres søvn, og drive de unge til vannvidd og fortvilelse.

Metallet som korresponderer med Venus er kobberet, eller Cuperum, tatt fra øyen Cupernaum, hvor kunsten å utvinne og

Громом тишина эмоции.
'Følelsenes Tordnende Taushet'

Ukjent kunstner, ca. 1920

forelde det, fremst av alt til smykker og prydelser ble oppfunnet. Kobberet har også en helt egen evne til å lede varme, dette er grunnen til at det tidlig også ble brukt til kokekar og andre farkoster.

I menneskets utvikling, representerer steget inn i Netzach den gryende bevissthet for, og verdsettelse av følelser og estetikk. Det som en gang var kun tjenelige verktøy og hus blir nå utsmykket for å behage, religionen får et nytt preg, med seremonier og ritualer for å behage og prise gudene, og ikke kun offer og underkastelse.

I det enkelte menneskes liv markerer dette den samme oppvåkning: en innsikt i at bakenforliggende de tanker vi trodde var vår bevissthet, og den rådende herren i våre sjelsliv, luer det en syngende og vakker kraft som driver oss til å tenke og å handle. Sepher Yetzirah beskriver da også Netzach som den "Skjulte Intelligens", som ligger under tankenes rigide matrise.

Netzachs tradisjonelle dyd er uselviskhet, nært knyttet til sephiraets maskuline og utstrekkende kraft, samtidig som dets last som er ukyskhet.

Det magiske bildet er av en vakker, naken kvinne, som har kastet sine vevede svøp som tidligere dekket henne.

Interludium: Paroket

פרכת

Mellom Hod, Netzach, Yesod og det ovenforliggende sephira Tipharet, forteller tradisjonen at det ligger et slør, florlett men ugjennomtrengelig. Dette er Paroketh. Selve ordet, dets opphav og betydning er myteomspunnet, men en tolkning er at det kommer av den assyrisk roten parraku som betyr "avstengt", eller "å stenge av".

Paroket er et av navnene fra Salomos tempel på sløret som stenger av tempelets indre fra det Aller Helligste, hvor paktkisten står, og hvor Guds Hellige Shekinah,[84] *Hun som Dveler* har sitt tilholdssted, omfavnende menneksets innerste.

Vevd av de fire elementer, er dette sløret tofoldig, det er som en maske hvorigjennom vi kjenner det gudommelige i oss selv, vår egen stemme som vi hører tale til oss fra det aller helligste lønnkammer, hvor det har sin trone.
I sin annen form, er dette sløret som et finmasket hinder, som en Yesodisk tåke, hvor elementes matrise, ikke kaotisk, men ordnet, hindrer mennesket fra å skue sin sanne form, og å kjenne seg selv.

Dette er den mest substansielle form, den kognitive feil som vedholder fallet i oss inntar: det er brytningspunktet hvor den klare tanke, og rene selvfølelse ikke makter å trenge utav seg selv, men uavlatelig slår seg selv tilbake, som mot en

---

84 שכינה

Shekinah: Die Vestalin
Av Martinisten og Symbolistkunsteren Arnold Böcklin
1874-75

Gjengitt med tillatelse fra Ordenen
Ordre Reaux Croix: Chevalier Bienfaisant de la Cité Sainte

ugjennomtrengelig mur.

Hvordan brytes så dette stengselet? Det er et mysterium.
Enten må sløret revnes med makt, ved en selvkorsfestelse, hvor
de fire elementer vi har størknet i, må forgå med alt vi er, og har
vært.

Eller, så kan man ta sløret som sitt eget. Ved ikke lengre å stille
seg ovenfor dette kunstige skillet og membranet i ens eget indre,
men heller å svøpe seg om det, opphører det å være noe utenfor
en selv, men blir selve fundamentet av ens vesen.

Som en tilslørt Shekinah, blir man Mysteriet, levendegjort som
Menneske. Man blir en Myste, i uopphørlig utfoldelse av alle de
krefter som utgjør skapelsen.

Men som sløret selv, blir man unnflyvende og vidløftig, kledt i
alle substanser inntar man alle former, og beveger seg ikke i noen
verden lengre, men mellom dem. Lyset kan ei lengre treffe en,
og mørkets skygge kan ikke kastes fra vårt legeme.

Vi forsvinner for verden, og blir ukjente for alle andre enn oss
selv, og det Hellige, som da vil kjenne oss som sitt eget.

Da kan man vandre videre, uberørt av verden, og ikke rørende
ved verden selv.

Sephira 6: Tipharet

תפארת

Tipharet befinner seg i det perfekte sentrum av Livets tre, midt på Mildhetens Søyle, og like langt fra både Kether som fra Malkuth.

Dette er hjertet av livets tre, det perfekte ekvilibrium mellom alle sephiroth, deltagende i alle, til én og samme tid. Det er som en strålende sol, gyllen og uforgjengelig, som de andre sephirotter dreier rundt i den Yetzirahtiske verdens himmel.

Tipharet betyr "skjønnhet" og er skaperverkets skjulte kjerne, den levende kraften i alt, lysgnisten i alle legemer, Guds ånd i alle former.

Mens Yesod er vårt lavere jeg, vårt selviske ego som er opphavet til selvhevdelse og selvtilfredsstillelse, så er Tipharet vårt Sanne Jeg. Vår egentlige identitet, vår sanne væren, og høyere Genius. Selve punktet i hvert menneskets bevissthet, hvor den subjektive identiteten hvelver innover seg selv, i en evig strøm til og fra seg selv. Det er et punkt med posisjon, men uten størrelse, hvor alle sanseinntrykkene fra Malkuth, alle impulsene fra Yesod, alle tankene fra Hod og alle Følelsene fra Netzach har sitt utspring, møtes, oppløses og gjenfødes. Det er dette sentrum som er den eneste årsak til at vi i det hele tatt kan erfare. Dette er vår subjektivitet, sentrumet i vårt sinn, og det som er, nå vi sier at vi er.

Tipharet bringer oss i vår reise tilbake til Mildhetens søyle hvor vi ikke har befunnet oss siden Yesod. Dette er en høyere balanse,

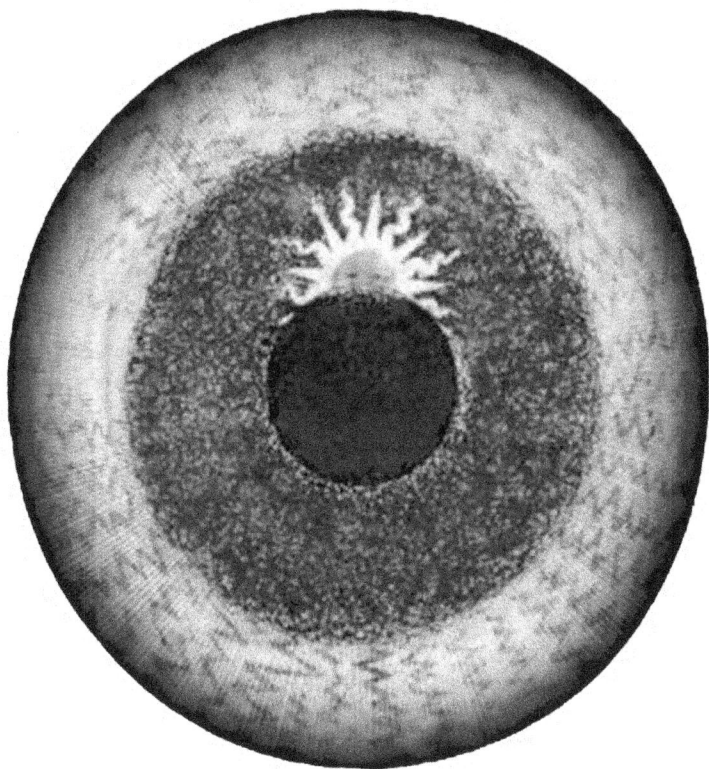

Den Gryende Sol, formørket av Den Sorte Sol

Robert Fludd "Utrisque cosmi ... Historia De Macrocosmi"
Oppenheim 1617. stikket er av de Bry.

tilbaketrukket bak Parokets slør, hvor alt det vi er samles i en ukrenkelig harmoni. Tipharet er hevet over kroppen, og Yesods Tåke er blott et vrengebilde i havet av den fullkomne orden denne Solen regjerer over. Men alle disse sidene ved oss selv er ikke borte, Tipharet deltar i alt vi er, alle følelser og tanke, impulser, begjær og sanser: Vi er ikke atskilt fra dem, men er nå deres mestre.

Sepher Yetzirah beskriver Tipharet som "den meglende intelligens", den kraft som balanserer alle motpoler og forener dem med hverandre. Den klassiske planeten attribuert til Tipharet er da også solen, som er sentrum i vårt solsystem, med de øvrige planetene kretsende rundt, på samme måte som de øvrige sephirot har Tipharet som sin akse.

I det menneskeliges utvikling er Tipharets terskel det stadium hvor en balansert samfunnsstruktur blir opprettet, utav det anarkiske kaos som må gå forut for det, om Parokeths velde ikke skal bestå. Av de mange herskermakter trer det fram en konge, bærende en svøpe og en hyrdestav, herskende med strenghet og nåde: han er mildhetens kraft. Han er rettferdig i sitt herredømme, for han megler mellom alle ting. Fred råder i kongeriket, og folket lever i pakt med hverandre og sin konge.

For den søkende er Tipharet fullbyrdelsen av den elementære renselse, og slutten på vandretiden svøpt i Parokets slør, som nå kun brukes om kongen selv skal vandre på jorden, og svøpe sine sannhetstale i den materielle verdens former, ord, tegn og nøkler. For å bli denne kongen, kreves den endelige selvoppofrelse for det høyeste, som er det eneste, og det absolutte. Egoets ødeleggelse, og fraskrivningen av alle former for selviskhet og selvforherligelse, kulminerer i at Aspiranten får kontakt med sitt

Sanne Jeg, og dermed kunne bli en kalk som uopphørlig mottar, og sjenker videre Guds lys.

Siden fallet, har denne indre solen latt seg formørke, ikke av slangen, satan eller yttre herskermakter, for disse er bare mørkets verktøy, men snarere av den sorte sol, vi selv har valgt å sette på Tipharets Trone, formørkende vår indre konge. Denne gamle kongen styrker seg så lenge ingen våger å stille spørsmål ved hans herkomst, eller herskerrett, og denne selviske kronpretendenten som uavlatelig vil ha sin rolle og viktighet bekreftet tukter mennesket til trofasthet og underkastelse ved alle de selvfornedrende og selvnedsettende krefter han har i sin hær: skam, frykt, misunnelse, egoisme, eiesyke og dypest av alt, angeren.

Han kan kun styrtes fra sin trone, om vi selv innser at det er oss selv som befester den, og har kronet oss selv i Kongens navn.
Kun ved det endelige selvoffer vil han overveltes, og den Sorte Solen vil da styrte fra himmelen, slik at den første Sol igjen lar sine stråler tvinge mørket tilbake.
Da forenes mikro- og makrokosmos, menneskehjertet blir selve speilflaten for prosopene, og bryllupet mellom mennesket og Mennesket finner sted, i Guds hoff.

Tipharets dyd er hengivelse til det Store Verket, hvor vår egen og andres gjenskapelse er det eneste arbeid på jorden. Lasten er hovmod, som atter kan løfte den sorte solen fra havdypet.

Ingen av de fire elementene korresponder med Tipharet, for her har de sitt amalgam, sin perfekte forening og forsoning: Her finnes roten av deres forente form, før de ble splittet i sine lavere og adskilte former, og kokte sammen i Yesods kaotiske sky.

235

I tipharet finner vi det femte elementet, ren Ånd, kvintessensen av alle skapte former: den flammende Shin i Pentagrammaton.

Den spirituelle opplevelsen for dem som begynner å kjenne Tipharets legende flammer i sitt vesen, er en visjon av alle tings iboende harmoni, og korsfestelsens mysterier.

Igjennom dette arbeidet svinner sløret hen, og den søkende får skue sin Genius, sin Hellige Skytsengel eller Auguoeides, og for alltid kjenne dens røst som sin egen.

Det magiske bildet er en majestetisk konge, et barn, og en selvoppofret gud.

Sephira 5: Geburah

גבורה

Når vi beveger oss i sfærene over Tipharet, anntar sephirottene en betydelig mer abstrakt form. Mens de nedre sfærene er lett gjenkjennelige som menneskelige sider nærliggende vår daglige selvoppfattelse, er kreftene som virker i oss mer ugripelige og fjernere fra oss 'selv' jo lengre opp på treet vi kveiler oss.

Dette er fordi de anntar renere, mer primitive og grunnleggende guddommelige egenskaper, jo nærmere deres gudommelige kilde vi kommer.

Geburah og dets motstykke Chesed, er begge fremdeles i den Yetzirathiske formverden, eller hva vi kan omtale som det sjelelige riket, eller psyken[85], men representerer sammen to direkte avspeilinger av Guds krefter som virker ned i Tipharets Helligdom.

Geburah betyr "styrke" og befinner i sentrum av den venstre, Strenghetens Søyle, og danner så det venstre hjørnet i det andre triangel.

Geburah, tross sin nære tilknytning til planeten Mars, og det harde våpenmetallet jern, et feminint sephirah, tydelig vist gjennom sin plass på den sorte søylen, og derfor også reseptivt og mottakende fra sin make i Chesed. Geburah er vår viljestyrke, vår evne til å sette grenser og innskrenkninger. På samme måte som Hod, vårt intellekt, som befinner seg direkte under

---

85 Fra ordet psyche fra gresk: ψυχή, gudinnen som representerte sjelen i antikken.

Geburah, setter grenser mellom forskjellige tanker, inntrykk og intellektuelle konsepter, for så å kunne analysere dem, er Geburah selve roten til denne evnen, kraft- og viljeshandlingen til å splitte, ikke ved ødeleggelse men med styrke og utholdenhet. Denne guddommelige egenskap, gjenspeiles i Malkuths diskrimineringsevne.

Sepher Yetzirah beskriver Geburah som den "radikale intelligens", radikal har her to betydninger: i sin første form henspeiler det på oppbruddet, opphøret og oppstykkelsen som det Geburiske sverdet er i sjelen, vår evne til å motstå alle impulser i oss, og handle ut fra en høyere vilje enn kroppens instinktive reflekser.

Denne kraften hever oss over dyrene, og er opphavet til alt mot, og vår evne til handling.

En annen tittel på Geburah er "Din", rettferdighet. Denne egenskapen av sephirottet har også, grunnet det skjøre skillet i mellom hardhet og brutalitet, også sin skyggeside som vi skal komme tilbake til: "Pachad", som betyr frykt.

Den søkende, som har arbeidet med å etablere sitt Tipharetiske kongedømme, må nå trekke landegrenser rundt sitt rike. Det monarkiet som ble innstiftet i Tipharet må nå etablere seg festningsmessig, og kunne forsvare seg selv mot opprivende krefter, både utenfra og i seg selv: Dette fordrer et styresett av lover og regler, ikke skrevet av herskermakter eller den gamle kongen, men levende rettferdighet, sakpt ut av øyeblikkets forstand, i den levende talen fra Shekhinas klare stemme.

De klassiske dydene til Geburah er energi og mot, mens lastene er ondskap og ødeleggelse:

Jacob som bryter med Engelen

Alexander Leloir 1865

Tipharet er alle tings balanserte akse, og det å forlate dette værensrommet, er en voldsom påkjennelse med et livstruende utfall for den som ikke er rede. Å vandre frivillig fra Mildhetens til Strenghetens søyle, er et vågestykke som ikke bør foretas om man ikke er trygg på sitt eget fundament, og sin trone.

Den Hellige Skytsengel, eller Genius som den søkende skal oppnå kjennskap til og samtale med i Tipharet, vil være den veiledende stemme livet igjennom, som Mani's gudommelige tvilling. Men mennesket ble aldri skapt for å være underkastet dette vesen, menneskets tegn innskrevet dets ånd av den Evige, er nettopp den frie vilje, og det vil derfor alltid som Jacob kunne bryte med engelen, og falle på ny.

Den søkende blir stillt ovenfor en vanskelig terskel: å kunne vise styrke uten å være brutal. Å kunne stå for seg selv, og være uavhengig av andre, selv om det skulle føre til strid, men samtidig å våge å kunne tøyle seg selv, og ta konsekvensen av sanne viljesvalg som er ukrenkelige.
Kabbalismen fremmer at harmonien i Tipharet alltid skal opprettholdes, men om denne freden skulle bli truet av en yttre makt, som ikke ønsker et harmonisk forlik, er det et hvert menneskes rett og plikt å forsvare seg selv.

Det er viktig å bære i minnet at når adepten begynner sitt Geburiske arbeid, skal han allerede ha lagt sitt ego bak seg i Tipharet, og den selvstendigheten han nå må vise, bunner derfor ikke i smålighet og reservasjon, men i sann styrke.

Et eksempel på å vise Geburisk styrke er kontroll av de kreftene som regjerer i Yesod, et dyr som er i en vanskelig situasjon hvor det har lite mat til rådighet, og som feller et byttedyr, vil spise så mye det kan umiddelbart, for så å jakte videre. Et menneske derimot som finner seg selv strandet på en øde øy, med sparsomme forsyninger og en brennende hunger, kan vise viljestyrke ved å spise små mengder av mat om gangen, for så å kunne overleve lenger i håp om å bli reddet, selv om sulten tilsier at man burde spise mer for å mette seg.

Planeten som attribueres til Geburah er Mars, den romerske krigsguden. Mange reagerer på at en så erketypisk maskulin figur skal korrespondere med et *feminint* sephira. Grunnen at det er slik, er at Geburahs stridsside, ikke er aktiv, og går ut i verden for å skape krig, snarere tvert imot, så er det en moderlig, omsorgsfull og beskyttende kraft, som vil verne mot krig, men som kan gjøre dette igjennom strid om nødvendig.

Det magiske bildet er en mektig kriger i sin stridsvogn, og den spirituelle opplevelsen er en visjon av kraft.

Sephira 4: Chesed

חסד

Geburahs make og motstykke på Nådens Søyle er Chesed som da også betyr nåde, og er dennes rot i det sjelelige. Her menes nåde, ikke blott som i løskjøpelsen, eller frigjørelsen av den dømte, men heller den begunstigelsen av den utvalgte.

Chesed er det første sephira i den Yetzirathiske formverden, og er derfor dennes opphav. Den Yetziratiske tittelen Chesed besitter er den "forordnende intelligens", den kraft som gir alt sin tildragelse til formasjon.
Sagt med andre ord, er Chesed, som den Geburuske viljes motstykke, det Hellige Begjæret.

Dette begjæret er Netzachs moder, og den kjærlige roten til den Hellige Ild, brennende både i Tipharet og i våre følelser.
Der hvor viljen er en stålsettelse mot det som tiltrekker oss, er Chesed selve dragningen. Som følelsene kommer den naturlig, og er den kraft som overhode motiverer oss til å ville i utgangspunktet.
Der hvor Geburah slår ring rundt den søkende, representerernde styrke og evnen til å sette grenser, så er Chesed nåden, og evnen til å bryte grensene, kjærlighet.

Geburah og Chesed utgjør dermed to ekstremt viktige motpoler i mennesket. Chesed er vår kjærlighet, både til det som er rundt oss, men også det som er i oss. som tiltrekker oss og som drar oss videre i livet. Geburah på sin side er vår viljestyrke som gir oss

242

evnen til å motstå motgang, og si nei.

Når disse to evnene balanseres, når Geburahs strenghet ikke er brutalitet og Cheseds nåde ikke er svakhet, oppstår harmonien vi finner i disse to sephirots forening: Tipharet, det levende mennesket, og Mystens utfoldelse.

I lingnelsen om mennesket åndsrike, er Chesed det tidspunktet da Geburahs grenser er så etablerte at man ikke lenger trenger en restriksjon imellom, men man skaper åpenhet. Man er bevisstgjort både kulturelle og tradisjonsmessige forskjeller, men respekter sine medmennesker for det de er, og lærer av mangfoldet, fremfor å reservere seg mot det. Dermed forsvinner alle fordommer, som stammer fra uvitenhet, som igjen resulterer i frykt og aggresjon, Geburahs skyggeside, Dins korrumpsjon igjennom Pachad.

På et personlig plan så er Cheseds terskel den samme som på det kollektive, å fjerne alle begrensninger og restriksjoner, samt alle fordommer som stammer av uvitenhet, ikke en tøylesløs hengivelse til Yesodiske impulser, men en ubundet henrykkelse i det grenseløse.

Den søkende har nå forsterket sitt rike som Geburisk festning, og reiser nå fritt med den i hele sitt Yetziratiske rike, i direkte forbindelse med det Himmelske, både i det, og over.

Dette er første gang kjærligheten tar en slik form i skapelsesprosessen slik at mennesket kan erfare det, som noe i seg, og det er igjennom denne at Cheseds kjærlighet blir Guds kjærlighet, og disse blir ett. Her er opphavet til alle former, og skjult heri er også nøkkelen til å bryte dem opp.

Den empyreiske Verden
Gustave Doré
Fra Dantes Divina Comedia

Som nåden er en velsignelse, er også velsignelsen nåde: ved den endelige helligjørelsen av skaperverket, fullendes det, lysgnistene frigjøres fra sine begravede skall, og stiger opp til terskelen av den skapte verdens empyria.

Cheseds dyd er lydighet, ikke til herskermakten, men til Visdommen og det Grenseløse: dets forfall er grådighet, tyranni og begjærlighet.

Begjærlighet i den form at man ikke gir kjærligheten fritt men med det forbehold, og dulgte selviske ønske om å få noe igjen: Chesed er et maskulint og aktivt sephira, og er derfor en givende kraft, ikke så mye en mottagende, utenom den form at man mottar Guds nåde.

Planeten attribuert til Chesed er Jupiter, den rettferdige, for fra nåden kommer alt ønske om godhet i sjelen.

Det Magiske Bildet er av en mektig konge som er tronet og kronet, den endelige klimakset av dette arbeided er en visjon av kjærlighet og den kraft som binder alt sammen som var brudt, oppstykket, og forspillt.

Interludium: Da'at

דעת

Når vi nå har gjort oss ferdige med Chesed forlater vi de lavere syv sephirot og den Yetzirahtiske formverden. Samtidig beveger vi oss utenfor den regionen av treet som tilskrives Sjelen også kalt Ruach av Isaac Luria. Den regionen vi nå skal inn i er ikke lenger innebefattet av menneskelig forstand, men Guddommelig. Dette riket er så brått adskilt fra vår egen bevissthet at de gamle kabbalister kaller den store terskelen som skiller mellom disse verdenene for Avgrunnen, eller Abyssen.

Dette området som består av de tre øverste sephirot, og det Første Triangel, beskriver hele vårt opphav og til slutt den spiren alt kommer fra.

På denne terskelen, finner vi en av kabbalismen mest tilslørte tanker: læren om "sephiraet som ikke er et sephira", nemlig Da'at. Tidligere vi undersøkte Livets Tre's geometriske oppbygning nevnt jeg en usymmeti, og at det tilsynelatende mangler et sephira mellom Kether og Tipharet. Dette er korrekt, for det er nemlig her Da'at befinner seg:

Da'at er som sagt ikke et sephira, ettersom det ikke er en kraft, eller urtanke i seg selv. Sepher Yetzirah sier tydelig at det er "ti sephirot. Ikke ni, ikke elleve". Da'at er mer et resultat, eller avkom av Sephira nummer to og tre, Chokmah og Binah, og spenningsforholdet mellom disse og den Yetzirahtiske verden.

For fullt ut å kunne forstå dette, og hvilken terskel Da'at egentlig

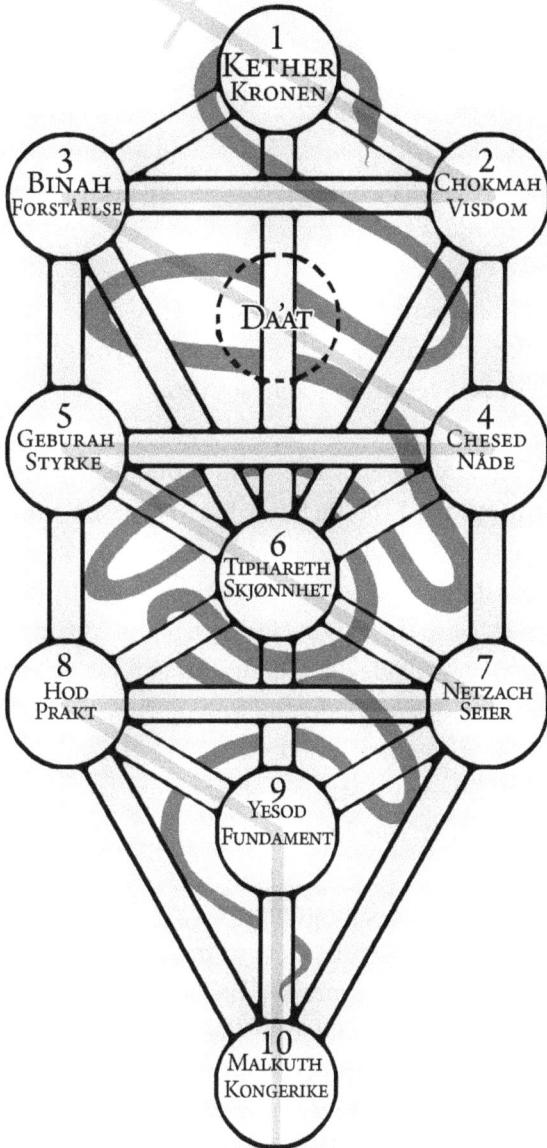

representer kreves det en grundigere forståelse av Yetzirahs opphav i Briyah, skapelsens verden, men for nå er det tilstrekkelig å si at Chokmah er Visdommen, og det første maskuline prinsipp, mens Binah er Forstand, og det første feminine prinsipp i det Gudommelige, og de to bevirkende kreftene som unnfanger alle former. Da'at er da resultatet av Visdommen og Furstandens unnfangelse: Kunnskap, selve årsaken til menneskets fall fra Edens Hage, og dets endelige håp om en tilbaketrekning fra skapelsen, og tilbake til Guds natt.

Denne kunnskapen, erkjennelsen, eller Gnosis, frigjør det Tipharetiske mennesket igjennom en tilstand hvor alle sephirottene på livets tre er forent som én.

Der hvor Tipharet forener alle sephirotther, hadde de en gang sitt samlede opphav i Da'ath, før de brast og ble de 10.

I Da'at eksisterte alle sephirottene i en perfekt tilstand av uendelig deltagelse i hverandre. De tre sephiroth på strenghetens søyle som søker å skjule det Gudommelige Lyset, strømmende fra nådens søyle, tar istedenfor å åpenbarer det. Siden alle sephirottene, som ansikt for det Evige utstråler Gudommelig Lys, var det i denne tilstanden ikke lengre mulig å skille ett sephira fra et annet. Således er de ett.

Sannelig skinner Det Gudommelige Lyset alltid i mennesket, men ikke alle er rede til å ta i mot det, slik det står i Johannesevangeliets begynnelse. Den paroketiske tilsløringen, og åpenbaringen av det Gudommelige lyset som skinner i Da'at, erkjennelsens sfære, kommer egentlig ikke herifra, men det er kun igjennom vår gjennomtrengende forbindelse med Briyah, rotfestet av Kethers tilstedeværelse i Malkuth. Så lenge Gud består, vil denne erkjennelsen alltid splintre materiens mørke, Yesods tåke, og Tipharets selvopprettholdende rettskaffenhet.

Men den som krones i det sjette sephira, står altid i fare for å sette seg på tronen i det Gudommeliges sted, for selv å bli den Sorte Solen. Både i eget liv, men også i andres.

Kun dem som er villige til å utslukke seg selv, vil kunne skue Da'ats lys, og åpenbare seg selv og det Gudommelige for andre.

Da'ats terskel er å måtte frasi seg all kunnskap som man har tilegnet seg i løpet av livet, all selverkjennelse og all forståelse. Ikke Hods kunnskap, men selve vevet i Hod som knytter våre erfaringer og forstand sammen. For Da'at er korsveien og bristepunktet mellom det kjente og det ukjente, det virkelige (Ruach-sjelen) og den uvirkelige essensen i oss, som er fullstendig ikke-dennesidig: Neshamah.

I Da'at eksisterer alle ting, men samtidig ikke. Det er i dette punktet alt har sitt potensiale for eksistens, i spenningspunktet mellom to universer som aldri kan sameksistere foruten igjennom mennesket. Her opphører såvel menneskelige som gudommelige regler å gjelde, for Da'ath har ikke noen form, ikke noe hylster, skall eller farkost: det er en fundamentløs region hinsides tausheten, og overdøvende all tale: kun dem som ikke har begrep om det virkelige, og heller ikke bryr seg lengre kan ferdes her: de gale, Guds narrer.

Hermetiske kabbalister, så som gnostikerne hevder at den materielle verden er en illusjon, og all kunnskap som er et resultat av sanselige inntrykk er derfor usanne. Dette er en vakker læresetning, men skjønnhet og prydelser hører Netzach til, de som ønsker å vandre hinsides lysets utstrekning, må være villlige til å oppgi alt hva de er for å kunne nå dit. Det styrkede egoet, i Tipharet, Jeg'ets fullbyrdelse må til sist også avskrives som illusorisk: identiteten er kun nok en koagulert del av det Uendelige Lyset. Gnisten i oss er en del av noe større, og kan ikke leve separert fra sitt opphav: den må enten slukkes i mørket for å bli fri, eller vende tilbake til den Evigheten som det utstammer fra, og til sist også er.

Finnes det noe hinsides Da'at for den søkende, er det en hellig selvfortapelse: bevissthet uten selv.

Det finnes ingen beretning om dette som kan reflektere hva arbeidet her innebærer. Tradisjonen forteller derimot, at den som kommer over avgrunnen, blir som en prins som vinner sin make: det lavere selvet som har blitt forent med den Hellige Genius i Tipharet, og tar sin mors plass i Binah, ved siden a sin fars trone, Chokmah.

La den som har ører høre, la den som har øyne se!

Sephira 3: Binah

בינה

Øst for Eden, hinsides avgrunnen mot Formenes verden finner vi Briyah, Skapelsens Rike.

Her finnes ikke materie, for de har sitt opphav i Da'at, her finnes ikke former, for de er materiens utfoldelse, forstening, og endelig åndens fengsel. Her er all skapelse, ikke som et nedtegnet minne, men som en pågående evig handling, å være i Briyah er å befinne seg i evig tilblivelse: Som Jacob Böhme kallte det: den evige gjenfødsel.

Det første Sephira vi møter her er Binah, "Forstanden".
Binah rager på toppen av Strenghetens Søyle som dens kapitél, og er roten til alt hva den er. Binahs utstrekning er Geburah og Hod, som er denne Hellige Forstandens lavere manifestasjoner. Alle de feminine krefter stammer fra Binah, for hun er deres moder, ja hun er alle sephirottenes moder, på samme måte som Chokmah, hennes brudgom, er deres Far.

Binah er dermed også det siste hjørnet i Den Første Triade. Denne formen er svært viktig, ettersom den danner selve urformen til de to resterende triangeler, noe jeg vil komme tilbake til i konklusjonen på denne Del 3 av boken.

Binahs Yetziratiske tittel er den "Helliggjørende-" eller "mottagende intelligens":
Binah er det første av de feminine sephirot, selve urmoderen,

som C.G Jung ville kalt det. Binah er alltid reseptivt, omfavnende og moderlig. Det er i Binah at alle utstrømning fra Chockmah blir tatt opptatt, næret og gjort til *form*, som i en kvinnes livmor, som selv gir skikkelse og form når den fostrer sitt befruktede egg, besvangret med mannens skaperkraft, sin sed.

Binah er derfor i kabbalismen urbildet kvinnen er skapt i: Den Himmelske og Hellige Eva, Adam Kadmons skjød.

Mange kristne kabbalister hevder også at Binah er å ligne med Jomfru Maria, som svanger med den hellige ånd, bærer frem Kristus, forløseren i Tipharet.

Tradisjonen forteller videre at alle behov vi har som mennesker, har sin rot i Binah, som er å ligne med en kalk i påvente av en væske å oppretthode. Uten denne forvarende evnen ville denne væsken kun flyte utover i et Kaos, ukontrollert, ubalansert og bli forspillt for alltid.

Binahs navn, Forstand, hentyder på vår evne til å motta inntrykk, og sette dem i sammenheng, med andre ord å gi dem form.

Det er ikke hensiktsmessig å bruke samfunnslignelser over den øverste Triaden, da disse kreftene i skapelsen er hinsides det kollektive, i så fall måtte mann se for seg et samfunn uten jeg, eller personlig individualitet, men likevel bevissthet, hvor personlige mål ikke hadde noen betydning, men hvor felleskapet utgjorde en autopisk enhet, hvor alle arbeidet mot et felles mål.

Samfunnet kan aldri bli en slik farkost for det hellige, som Binah er for det Gudommelige Lys, et slikt samfunn ville ifølge tradisjonen ikke kunne eksistere i det jordslige, da jorden først måtte være oppløst, og lysgnistene vendt tilbake til en uskapt bolig, hinsides form og materie. Vi kan heller forestille oss en region som 'De Helliges Samfunn'.

For den søkende, ville derfor Binahs terskel er derfor, vedrøre nettopp dette, å finne en ny 'form' etter å ha tapt alle former i avgrunnen, en skikkelse uten identitet, men alene vigslet til å være en fullkomment fartøy for Lyset: den rene bevissthet, hinsides Da'aths limbotilstand i uskapt skapelse. -Å se alle prosesser og tildragelser av det Uendelige rundt seg og i seg, som Guds direkte kommunikasjon til en selv, og som en ubrytelig og uunngåelig prosess som utfolder seg lik en rose i ferd med å spire. Den underkastelsen av Guds Kjærlighet vi finner i Chesed blekner i forhold, kun igjennom å tape seg selv kan vi bli fyllt av noe vi ikke er.

Planeten som korresponderer med Binah er Saturn, et mektig og fjernt himmelegeme, som bruker lang tid i sin ferd rundt jorden. Saturn var for Romerene høsten, og grødens gud, tuftet på grekerenes Chronos: tidens gud, som lå kveilet rundt skapelsens egg, hvorfra han sammen med sin make Ananke (Uungåelighet) klekket det ordnede kosmos. I kabbalismen har dette sinnbildet sitt motstykke Dette sammenfaller med kabbalismen som hevder at Binah er moderen til materien, altså Malkuth, og Nehushtan, slangen som kveiler seg rundt skapelsens fylde, Livets Tre.

Binas dyd er stillhet, mens lasten er griskhet.
Dette alluderer til to av Binahs øvrige navn, som er Ama, den mørke ufruktbare moderen, og Aima som er den lyse og fruktbare. Stillhet er Mesterens sanne kjennemerke, en som vet når han skal tie, for en som taler selv kan ikke lære noe av andre. Mysteriet dveler i tausheten, og den som taler, knuser verdens egg.

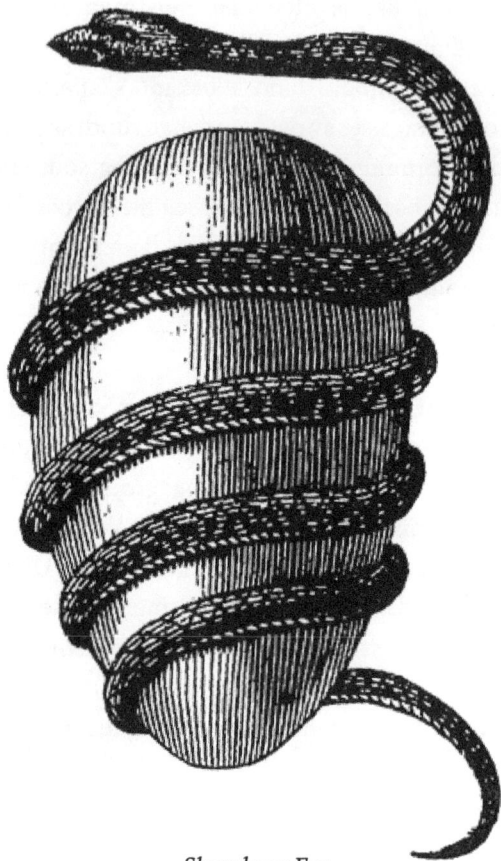

Skapelsens Egg

Griskheten som last, viser til skyggesiden av Binah, den mørke Ama, hun søker også lyset, men ikke for å nære det, eller å kunne gavne andre med det, men ene og alene for å eie det som sitt eget.

Det Magiske Bildet er av en moden kvinne, den første.

Den spirituelle opplevelsen som tilkommer Binah, følger som et resultat av selvforvandlingen til en farkost: det er en visjon av sorg. For om man tømmer seg selv fullstendig i påvente av lyset, er sorgen over mørkets ensomhet det eneste som står igjen.
Dette er verdenssorgen, i dens lengsel etter sitt opphav.

Sephira 2: Chokmah

חכמה

Som Binahs brudgom rager Chokmah som kapitélet av Nådens Søyle, og er derfor også urfaderen til både Chesed og Netzach. Samtidig danner Chokmah den andre vinkelen i Det Første Triangel.

Mens Binah er den første farkost, er Chokmah den første livgivende kraft, det maskulines opphav: Urfaderen den Hellige Adam. I flere tekster, settes det et likhetstegn mellom den frie og determinerte kraften til dette sephira, og Guds Vilje.

Av denne grunn bærer Chokmah den yetziratiske tittelen "den opplysende intelligens", fordi dens trenger inn i alt, og opplyser det.

Her er Jungs "Urfaderen", den supplerende og forsynende kraft som, hvis den antar form i Binah, sin feminine motpol, resulterer i hele skaperverket, og de øvrige sephirot. Denne kraften blir av kristne kabbalister ofte likestilt Den Hellige Ånd, men da først når den når sin fullendelse i Binahs buk.

Denne fullbyrdelsen som er Forstanden, har sitt utspring i noe av det helligste av alt i kabbalismen, selve Chokmahs navn: Visdommen.

Visdommen, er det første Sephiroth i Briyah, skapelsens verden, og er derfor det uendelige lysets første tildragelse som en intelligens eller bevissthet. Visdommen er roten til all kjennskap, all forstand og all væren: Som det står skrevet i Ordspråkene 3:19

Herren grunnla jorden med visdom,
med forstand reiste han himmelen.
Med kunnskap lot han havdypet bryte fram
og duggen dryppe fra skyene.

Visdom i kabbalistisk forstand er ikke visdom om mundane ting, som hvordan man best får en elektronisk krets til å virke, eller hvilken kornsort som bør sås på våren i hvilket jordsmonn. Chokmah er visdom i ordets helligste forstand, altså evnen å kunne bruke de erfaringer man har til å finne sannheten utifra sin innsikt og selverkjennelse. -Evnen å kunne se likheter mellom alle prosesser, og kjenne seg selv igjen i de mennesker en har rundt seg, og dermed finne løsninger og skape harmoni. Chokmahs visdom er å kunne skue inn i dypet av virkeligheten, å destillere ut dens mest abstrakte essens, for der å avdekke sannhetens frø i alt som er.

Disse sannhetsfrøene kan deretter sendes til ledsagersken Binah, for intellektuell analyse og utvikling. Unionen mellom denne Visdomsinnsikten, og Binahs forståelse av den resulterer i Da'ats kunnskap.

Ordet Chokmah i seg selv, kan brytes ned i to mindre ord: koach (potensiale) og ma (det som er). Derfor betyr Visdommen, "potensialet i det værende", eller "potensialet til det som skal bli". Dette henspeiler igjen på dette sephirottets forhold som den store formidler, skaperen, fra det første sephira, Kether.

En kollektiv terskel for Chokmah må være et samfunn likt det i Binah, men uten noen som helst form for struktur, hvor alt går naturlig går inn i en jevn strøm, uten direksjon fra noe hold, men som fortløpende blir til, i en selvoppfyllende tilblivelse.

For den søkende, er det å tre inn i Chokmahs sfære den totale omvendelsen fra livet i Binah: å ikke lenger være en reseptiv farkost for Guds Vilje, for Skapelsen, og for Lyset, men å bli selve denne kraften. Levende, skjønn og ubrutt i sin utstrekning igjennom universene.

Chokmahs dyd er hengivelse, og dette sephira har ingen last.

Chokmah korresponderer ikke med noen planet, for Saturn er det siste legemet utenfor det sjelelige. Chokmah er derfor Zodiaken selv, de tolv stjernetegn, den siste yttergrense og stålarken universet kretser innenfor.

Det Magiske Bildet er en mannlig figur med skjegg, han har lukket sine øyne, og hans åsyn strekker seg fra helvetene og opp i himmelen.

Den spirituelle opplevelsen er en visjon av Gud ansikt til ansikt.
Det som selv ikke var Moses forunnt.

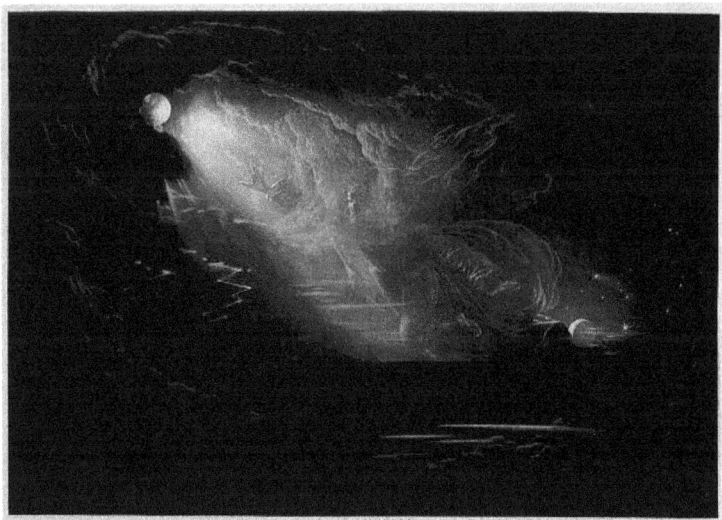

Lysets Utstrekning
John Martin
Fra Paradise Lost, 1824

Sephira 1: Kether

 רתר

Vi forlater her Skapelsens verden og trer inn i Atziloot: Den rene gudommelige Emmanasjonens rike. Her regjerer Shekinah alene, hvilket er Gud selv, i sin uendelighet, i sin endelighet.Kether er "Kronen", og er den høyeste fattbare skikkelse mennesket kan ha av Gud, forteller tradisjonen.

Her i Kether finnes det ikke lenger noen dualitet, Chokmah og Binah er forent i sitt opphav. Vi kan ikke lenger se på verden som god eller ond, Gud og ikke-Gud. Her er kun enhet.

Ingen ting vi kan forestille oss utover denne fullendtheten har sit tilholdssted her, men oppstår først når Gud velger å skape, utav sin enkle, frie vilje, som Tzimtzum forteller oss.

Kronen er alle tings opphav, og alle de ti aspekter av ham, de ti sephirot, springer ut fra dene roten, hvor Livets Tre begynner.

Kether er kronen på skaperverket, selve spiren det kom fra, og som alt vil vende tilbake til.

Dette er kapitélet på Mildhetens Søyle, skaperverkets fundament, og hvor alt var i perfekt harmoni siden før tiden ble til.

Sepher Yetzirah gir Kether navnet "den skjulte" eller "beundringsverdige intelligens".

Sephirotene ligger iboende i Kether, men har sitt opphav som erketyper der, og venter på å bli omgjort til form i Binah, igjennom Guds Vilje som er Chokmah, hans kreative kraft som han skaper alt med. Uansett hvor ufattelig Kether er, så kom i

·

Gud

hu det urgamle kabbalistiske ordspråket "Kether i Malkuth og Malkuth i Keter." Dette alluderer til at Malkuth er Kether på sitt mest kondenserte og materielle nivå.

Dette tilsier at vi kan skue Shekinah i oss selv og i naturen, og at Kether igjen er Malkuth på det mest opphøyede og immaterielle. Naturen er en blott en refleksjon av Gud, og vi kan derfor forstå fragmenter av Helheten, ved å studere enkelthetene vi har i vårt dagligliv. Alle tilsynelatende forskjeller, som de mennesker vi møter og de hendelser vi er en del av, kommer fra en og samme kilde, og besitter samme Guddommelighet.

På et kollektivt plan kan det ikke finnes noen Kether-bevissthet, ettersom det ikke finnes noe mangfold lenger, heller ikke noe enkeltmenneske.

For den søkende blir den siste terskelen som leder til Kether å legge bak seg alt, å selv gi slipp på Guds skaperkraft for å tre inn i en ufraskillelig forening med den Evige, ved selv først å bli evig.

Kethers dyd er fullkommenhet og fullendelse av Det Store Verket. Sephiraet er feilfritt og derfor uten last.

Det finnes ingen planetar korrespondanse til Kether, som er før all skapelse, all form og all handling. Derimot kalles motstykket til hva som ville vært Kethers planet for "Rashit ha Gilgalim", de første strømninger, eller den første beveger.

Det Magiske Bildet er av en urgammel konge, med et veldig skjegg, vendende sitt våkne blikk slik at vi kun ser hans høyre side.

Den spirituelle opplevelsen er den endelige forening med Gud.

Sammenfatning av del 3

Jeg vil nå sammenfatte en del løse tråder spunnet frem tidligere i boken, samt gå i dybden på en del tematikk som den sephirottiske læren enten baserer seg på, eller er opphav til. Videre vil jeg prøve å komme med en del konklusjoner som kabbalister opp igjennom tidene har trukket utfra det sephirotiske system.

Ain Soph Aur - Før Gud?

Et spørsmål hyppig stilt av både mystikere så vel som kritiske ateister, er hvem skapte Gud?
-Mennesket?

Kabbalistisk doktrine hevder som sagt at Kether er Gud i sin høyeste form forståelig for mennesket, men hva var før Gud? Det er et stort paradoksalt spørsmål for teologer, men som mystikere gjerne gyver løs på. I middelalderens kabbalistiske skoler i Provence, dukket det etter hvert opp en svært utstrakt tese om at Gud eksisterte før Gud.

Mestrene forteller til sine elever om det de kaller for "negativ eksistens", at det finnes en tilstand Gud var i, før han skapte Kether, altså enheten selv. Denne eksistensen er svært vanskelig å sette seg inn i, spesielt siden den deles opp i tre konsekvente lag, eller "slør", som tildekker Guds sanne vesen.

Det første av disse er "Ain", eller "ingen-ting" som de kalte det. Her er Guds tilstand ikke engang konseptuell, og det er paradoksalt i seg selv at man i det hele tatt har laget en teori om den. Derfor ble den tidlig stemplet som ufattelig, og at kabbalisten skal slå seg til ro med dette, men samtidig strebe av all sin kraft å oppnå den sam tilstand i sitt sinn.

Denne tilstanden beskrives kun symbolsk, som i Tzimtzum (se Del 2), i den første linjen, "før alle ting ble skapt".

Etter dette emanerer ut ifra Ain, den neste negative tilstanden "Ain Soph", som er Uendelighet, altså et slags tomrom hvor alle ting kan bli til, før Kether formes. Etter dette følger den siste tilstanden av Guds Væren, som er "Ain Soph Aur", som på norsk blir "Det Uendelige Lyset", som fyller alt, og som vi finner i Tzimtzums tredje linje.

Når dette lyset blir til, trekker det seg sammen og gir muligheten for noe annet å eksistere utenom lyset selv. Denne prosessen er en parallell til historien om Adam Kadmon, som i begynnelsen er en helhetslig skapning, men som ut av trang til selvforståelse blir splittet i en dualitet, mann og kvinne. Dette er igjen en parallell til prosessen hvor det guddommelige ene lyset blir om til dualiteten lys/ikke lys, eller lys/tomrom. Her ligger en av de dypeste og viktigste mysteriene i kabbalismen som omhandler menneskets egen dualitet, som både et åndelig og materielt vesen, som må forene alle motpoler, enten det er tanker/følelser, vilje/kjærlighet, det lavere med det høyere, og mikro med makrokosmos. Dette ledetemaet går igjen utallige ganger i bibelen for dem som leter, og i menneskets historier og eventyr, for det er vår egen historie.

Sephirotthene blir til

Beretningen videre om dannelsen av Livets Tre, forteller at Gud former en serie med krefter, eller urkonsepter (sephirot) i sitt eget bilde, som han bruker som modell for alt i skaperverket, både mennesker, dyr og kosmos selv. Derfor er det likheter mellom alle ting i verden, og all forskjell kommer av at de besitter forskjellige sephirotiske egenskaper. -Som om sephirotene var skåler som mottok guds nåde i form av vin. -Alt har de ti sephirot i seg, men noe har mer i enkelte skåler en andre.

Eldre kabbalistiske tekster beskriver skapelsen av sephirotene som en prosess hvor Kether, fylt til randen av Guds kraft, renner over og danner Chokmah som igjen gir tilløp til Binah og så videre.Denne prosessen blir også ofte beskrevet som et voldsomt lynnedslag, gående i sikksakk fra Ain til Malkuth:

Denne energien som ikke bare steg ned én gang, men som fortløpende farer ned sephirotene og opprettholder dem kalles Mezlah. Et hyppig brukt symbol for den nedstigende kraften i sephirotene er erkeengelen Mikaels sverd, som vi kan lese om i tredje Mosebok, 24 vers:

HAN JAGET MENNESKENE UT, OG ØST FOR HAGEN SATTE HAN KJERUBENE OG DET FLAMMENDE SVERD SOM SVINGET FRAM OG TILBAKE. DE SKULLE VOKTE VEIEN TIL LIVETS TRE.

Dette alluderer til den harde veien Jacobs stige er, og de prøvelsene mennesket må igjennom for å vende tilbake til paradis, og sitt naturlige samkvem med Gud.

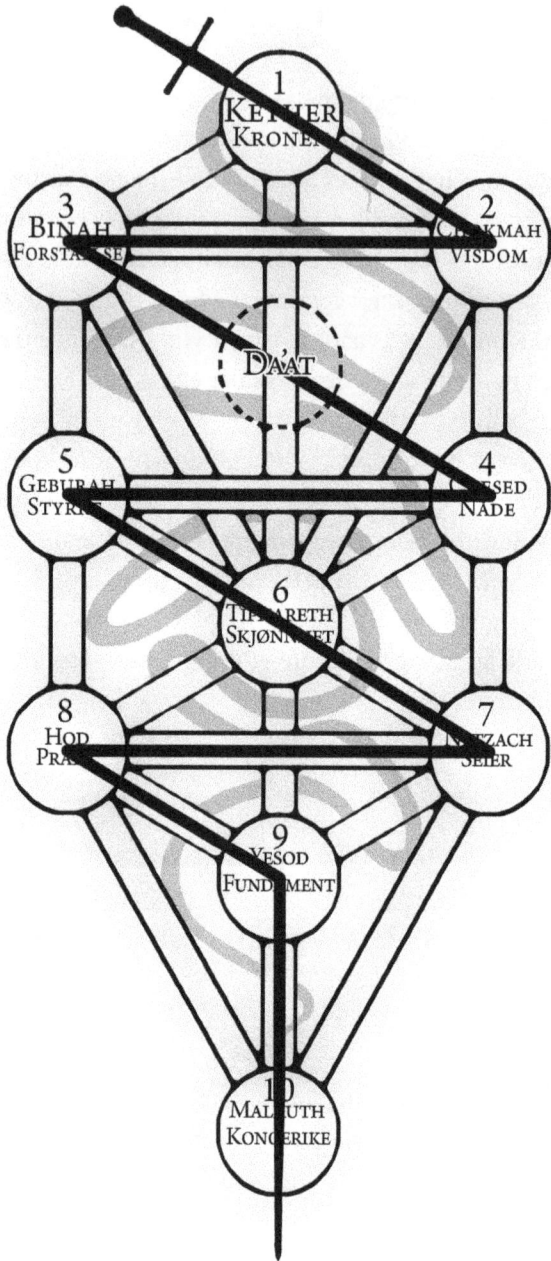

DET ONDE

Kabbalismen fremmer alltid søken etter sannhet og selverkjennelse. Men hvor kommer ondskapen inn i et kabbalistisk verdensbilde? Og hva er det onde i den kabbalistisk e mystisismen?

Først og fremst, ettersom Gud er Skaperen, og ondskapen eksisterer, så må det være en hensikt med den. Om det ikke var Guds plan å ha ondskap i verden så ville den ikke finnes.

Kabbalisten Isaac Luria, som forfattet Tzimtzum, mente at Gud først formet ti skall, eller fartøy, som skulle bli sephirotene før han sendte Mezlah ned igjennom dem. Da dette skjedde klarte ikke disse beholderne å forvare denne kraften, og sprakk. Disse skallrestene fra denne første skapelsen gjenstår, tomme for Lyset, men bærende i sine rester seg splittelsens, og ødeleggelsens kraft.

Gud gjentok så prosessen en andre gang, og de ti sephiroth ble til.

De tomme skallene, eller Qliphotene[86] derimot, som var igjen etter den første "feilslåtte" skapelsen, fortsatte å eksistere og fortsatte å ødsle ut den energien de ikke kunne beholde. Disse ubalanserte kreftene er roten til alt kaos, som er ensbetydende med ondskap i kabbalismen.

Disse danner sin motpol til Livets Tre, som kalles Dødens Tre: Vi ser her at Da'at har fått sitt tilsvarende qlipha, som henspeiler

---

86 flertallsform a Kliffa, heb. for "skall".

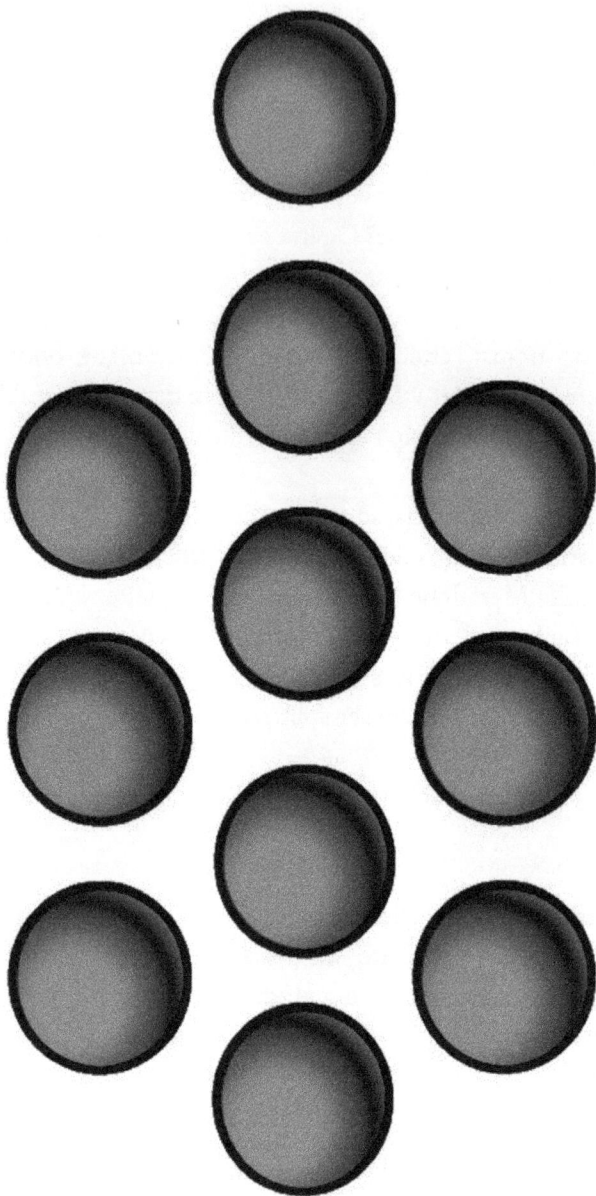

Dødens Tre: Klippoth

på den evige dualiteten som er mørkets ytterste manifestasjon: Der hvor det på livets tre finnes fullkommen enhet og harmoni i Kether, er det på dødens tre to endelige sephirot som er i evig kamp om herredømme over hverandre.

Dette gir et kort innblikk i onskapen i kabbalismen, nok blott en illusjon av splittethet, der hvor mennesket skulle kjenne sin indre enhet, og fullbyrde sin væren som Shekinahs Myste, opprettholdes splittelsen i dets Jeg, skiller det fra sin Genius, og frembringer all nedrighet, hovmod og ondskap i verden.

Hvert enkelt qlippha er det ubalanserte motstykket til det balanserte sephirot. Dette er altså mer ekstremt en et sephiras last, hvor f.eks. Hods motstykke, representerer løgn som en egen urkraft, sannhetens ytterste fordreining.

Å gå videre inn på hvert enkelt qlipphot blir for omfattende for denne boken, det er tilstrekkelig for leseren å være bevisst på at denne tesen, og se det kosmologiske omfanget kabbalismen har.

Kliffottene har ikke egne navn, men betegnes med den demon, eller polymorfe form som beskriver det aktuelle sephiras rake motsetning. For referanse gir jeg en kort oversikt[87]:

---

87 Hentet fra "777 and other Qabalistic writings of Aleister Crowley"

KLIFFOTTISK TABELL

Sephira:	Norsk:	Kliffot-Hersker:	Norsk:
1. Kether	Kronen	1. Thaumiel	Guds Tvillinger
2. Chokmah	Visdom	2. Ghaghiel	Hindrere
3. Binah	Forståelse	3. Satariel	Skjul
4. Chesed	Nåde	4. Gha'agshebla	De Rammende
5. Geburah	Styrke	5. Golachab	De Flammende
6. Tipharet	Skjønnhet	6. Thagirion	De Anklagende
7. Netzach	Seier	7. A'arab 'Zaraq	Fortvilelsens Ravn
8. Hod	Prakt	8. Samael	Den Falske Anklager
9. Yesod	Fundament	9. Gamaliel	Det Obskøne Asen
10. Malkut	Kongerike	10. Lilith	Nattens Dronning

270

Del 4 Praksis - Aksjon

Han er lik et tre, plantet ved bekker
med rennendre vann:
Det gir sin frukt i rette tid,
og løvet visner ikke på det.
Alt det han gjør skal lykkes for ham.

Salmene 1:3

Jeg har til nå redgjort for en liten del av kabbalismens historie, og berettet om denne livsveiens kart, Livets Tre, som skiller det ut fra andre mysterietradisjoner. Jeg vil nå gå videre med å drøfte hvordan man kan bruke all denne teorien i praksis og sette demme teosofien ut i live.

Lettest å begynne med er det som er blitt kalt Den Uskrevne Kabbalah:

Dette er selve kjernen av tradisjonen, hvor kabbalisten selv skal skape sin egen gren av tradisjonen, videreføre den ved selv å finne korrespondanser i seg selv og i omverdenen med sephirotene, og bygge opp et eget Livets Tre, hvor alle disse erfaringene er samlet, og leve ut de erkjennelsene han eller hun selv tilegner seg etter beste evne, og bruke dem til å bekjempe problemstillinger i hverdagen.

En rettning innen psykologien som flere moderne kabbalister har fattet interesse for er Psykosyntese. Ordet i seg selv henspiller på at psyken skal re-integreres, noe som ofte blir sett på som en mangel i klassisk analyse, hvor terapeuten graver dypt i pasienten, for å komme til kjernen i dennes problemer, og trekke dem opp i dagslys. Denne prosessen hvor fortrengte minner fra barndommen og andre traumatiske opplevelser kommer tilbake i pasientens daglige bevissthet er ofte svært tung, og kan føre til videre problemer som pasienten må forholde seg til. Psykosyntesen prøver å rette på dette, og viderefører terapien, ved at pasienten selv, med psykologen som veileder, skal sette sammen de forskjellige opplevelsene i livet sitt med det livet han eller hun fører til daglig, og komme til et punkt hvor disse ikke er motstridene sider, men gjør tilværelsen levelig.

Kabbalah har i sin enkleste form store likheter med denne prosessen, hvor man må dykke ned i sitt eget indre, og trekke ut de forskjellige sidene av seg selv i form av sephirotene.

Når man har gjort dette, må man se hvor man har sine styrker og svakheter, for så å kunne videreutvikle sine evner, og bearbeide sine mangler og problemer, og til slutt forente de delte sidene til et hele. Man må selv skape seg om til den fullkommne Prinsessen, slik at man igjen kan forenes med sin prins. De gammle alkymistene formulerte det ned i formularet "Solve et Coagula"-oppløs og gjenforen. Les dette gjerne i sammenheng med Smaragdtavlen (side 48).

La oss si at en person er ekstremt intellektuell (Hod), men uten å være i kontakt med sine følelser (Netzach). Det ville derfor virke logisk å fortsette skoleringen i matematikk og filosofi, samt begynne med en motpol til dette, som samtidig interesserte en, for eksempel spille et instrument, male eller andre estetiske og emosjonelle aktiviteter. Ofte vil det ikke hjelpe å overkompensere som i eksempelet over, da pendelen kun vil svinge over i motsatt rettning i en periode, for så å returnere til det første problemet. Selve årsaken til ensporetheten til personen det her gjelder ligger som ofte i et annet problem, og det er da hensiktsmessig å se hvilke andre sephirot som er tilknyttet Hod, da ved den midtre pillaren, Yesod, Malkuth og Tipharet. Når et menneske henger seg opp i én side av seg selv, er det ofte et resultat av manglende selvtillit, manifestert som troen på at det kún har en side å være seg selv igjennom. Personen det gjelder bør da søke essensen av de tre sephirot jeg nevnte over, og derigjennom prøve å la pendelen hvile mellom Hod og Netzach.

Idealet er alltids å raffinere de sephirotiske sidene av seg selv hver for seg, for så å bli et helhetslig og lykkelig menneske. Dette ville bli en hverdagsekvivalent av Tikkun –regeneregingen som kabbalistene Levi til Tov snakket om.

Individualiteten holdes alltid hellig, og tradisjonen aksepterer og respekterer denne fullt ut. Målet er ikke å skape supermennesker som mestrer alle former for kunst og vitenskap, men heller at hver og en av oss ikke skal ignorere sine egne svakheter, men heller gjøre det beste ut av dem, og prøve oss selv til det maksimale, for så å kjenne oss selv.

Videre så kan livets tre behandles som i Jacobs Stige, hvor hvert sephira markerer et nytt steg i en utvikling, hvor man tar for seg mennesket aspekt for aspekt, og beveger seg gradvis mot et helhetslig Selv. Den naturlige måten å bruke tradisjonen slik, er enten slik den behandles i Mekavah-mystikken, hvor kabbalisten igjennom meditasjon stiger ned i dypet av seg selv, og fra stillheten der intonerer navnene på Sephirottene og de Hellige Guds Navn som tilhører dem, for så å stige oppover og motta de sjelebilder som åpenbarer seg i denne prosessen –polymorfe sider ved kabbalistens egen psyke.

Denne metodikken har blitt brukt og utvikklet av forskjellige kabbalister og skoler. Den jødiske tradisjonen legger stor vekt på det Hebraiske alfabetets kraft, som vist i Sepher Yetzirah, og mener at det er med disse kreftene universet ble til. Ved manipulasjonen av disse, både skriftlig, mentalt og i handlig, hevder de at man kan oppnå sublime resultater.

Dette har det eksister flere skoler for i vesten, helt frem til idag. De fleste av dem er jødiske, de øvrige læres bort i lukkede og ukjente kretser, kun åpne ved innvitasjon.

De fleste tradisjoner som i dag kan favnes under begrepet "Hermetiske" kan spore sine teknikker tilbake til Hermetic Order of the Golden Dawn, og bruker denne ordenens sammlede korrespondansesett mellom spirituelle opplevelser, røkelse, mineraler, planter, medisiner m.m. koblet til kabbalistiske konsepter som de 22 stiene og de ti sephirotene på Livets Tre, alt i en rituell sammenheng, bygget over alkymiske prinsipper. Desverre brukes disse utenfor ordenens eget kabbalistiske, magiske og mystiske rammeverk, og som med mange eklektiske praktikanter i dag, oppnår den søkende sjelden mer en et magisk liv, om den ikke virkelig går inn i skolen teknikkene utstammer fra, og lever veien til fulle.

De frie new-age grenene som i dag bruker kabbalisme blandet udiskriminerende med andre tradisjoner, ikke skjeldent med

UFO-spekulasjoner og pantheistiske idealer, står som regel uten egen praksis, utover teknikker lånt fra Yoga, spiritisme og kanalisering. De grener det gjelder feiler å supplere sine medlemmer som besitter en interesse for kabbalah med andre teknikker en trist resitasjon av vers som inneholder navn på erkeengler, sephira et.c –Dette må ikke under noen omstendighet forveklses med sann *bønn.*

Konvensjonell religiøs praksis har, etter statskirkens og andre religiøse autoriteters utvanning, mistet sin troverdighet i allmenhetens øyne, og dermed også sin kraft. Så lenge man ikke kan hengi seg fullkomment til en åndelig handling svekkes menneskets evne til å ta handlingens virke innover seg, for å la den blomstre i sjelsdypet. Sekularisering og feilinformasjon har i største grad skylden. Eksempelvis har det greske ordet for tro[88], egentlig betydningen tillit, og likeledes er ikke vår oversettelse av bønn tilstrekkelig til å favne den greske betydningen. Denne sikter ikke til en handling lik den hos et barn som tryggler sine foreldre om leketøy, men heller som selve essensen av den sakramentale handling: å trekke det guddommelige ned i det menneskelige, og la det dvele der.

Kabbalistisk bønn, kan ta form som en svært teknisk sak, hvor bønnens oppbyggning, ordenes tallverdi etc. vektlegges, men i realiteten står og faller det hele på holdningen, og det brennende begjæret til den som ber.

Fader Vår er en esoterisk tekst fullt på høyden med Tzimtzum, Smaragdtavlen og Zohar, om vi bare for et øyeblikk legger bort den vante oppramsningen av de vante ord, og ser hva vi kan ilegge

---

88 Pistis

dem. En bønn om manifestasjon av Guds Rike her på jorden iblant oss og fremfor alt *i oss*, om vi bare lar oss selv forme til den kalk det kreves for at dette skal finne sted. Alt rituelt og kultisk er egentlig bare en yttre klesdrakt for denne tilstanden som vi vil oppnå, og den kyndige trenger verken drakt eller symboler for å oppnå den. Men den må Villes og Begjæres om unionen skal finne sted, og da trenger vi disse sinnets støttehjul for å definere hva vi vil oppnå, og hvordan vi skal nå dit. Hemmeligheten ligger i å be med *hjertet* og ikke med munnen.

Den Dogmatiske Kabbalah

Ordet dogme innebærer en orlyd av fastlagte regler og oppfattningen meislet i stein, endog fullt berettiget. Om ikke opphavsberettninger og originaltekster bevares i den form de opprinnelig hadde, mister vi muligheten til å kunne forstå nettopp hvordan noe begynnte. Utover dette vil slik fingring med viktige kunnskapskilder kunne ha den konsekvens at mennesker som ikke forstår innholdet vil videreformidle det feil, og tradisjonen miste sin substans og kraft, ja sin verdi overhodet.

Denne delen a kabbalismen fokuserer på studiet av de klassiske kabbalistiske tekstene, som f.eks de overnevnte bøkene fra Del 2. Dette primært med den målsettning, foruten å kunne vinne nye erkjennelser, å bruke denne kunnskapen for å trekke en dypere og esoterisk betydning ut av Bibelen, som tross alt er kjernen i den jødiske kabbalismen, og ubestridelig opphavet til alle andre grener som springer ut av den. Denne boken, verdens mest leste, inneholder et hav av symboler og allegorier, som alle mennesker kan trekke sin egen mening ut av. Teksten selv forteller at den aldri skal aldri endres, men det er opp til hvert enkelt menneske å finne sin egen sannhet, blant ordene som står der.

Den Literale Kabbalah

Literal betyr bokstavlig, og her skal kabbalisten ta i bruk sin kunnskap om hvert ords tallverdi for å sette dem sammen med andre ord. Tradisjonen har flere metoder for dette, det ene er Gematria, hvor hver bokstav får sin egen verdi (se appendix), men også har sin egen mystiske betydning. Den andre er Temurah, hvor bokstaver permuteres, altså forflyttes etter et bestemt skjema, eller en formel for å skjule en betydning. Den siste formen kalles Notarikon, og omhandler forkotelsen av ord. For eksempel ordet AGLA, et gudenavn, er en forkortelse for "Ateh gibor le-ohlam adonai", som betyr "du er for evig mektig min herre".

Om man leter lenge, og manipulerer tallene nok, vil man kunne finne sammenhenger mellom alle ord i Bibelen, og det var kanskje dette de gamle mestrene ville? At vi skulle se den store sammenhengen mellom alt?

Den Praktiske Kabbalah

Jeg har så vidt vært innom den praktiske kabbalismen tidligere, når jeg nevnte magi, innvielser og bønn, men begrepet favner også fremstilling av talismaner bestående av englenavn, til bruk enten i meditasjon eller for å åppnå noe i den yttre verden.

Forskjellig esoteriske ordener og skoler har igjennom tidene anvendt den kabbalistiske filosofien i sin egen form for praksis. Målet har derimot alltid vært det samme, å opplyse mennesket slik at det kan komme i kontakt med sitt Høyere Selv, leve i pakt med sin egen sanne natur og omverdenen, samt til slutt å oppnå det Alkymien kaller for *Summum Bonum*, "Den lykkelige Slutt", eller forening med Gud.

De tidligste kabbalistene, som var utelukkende jøder, hentet naturlig nok fra sin egen rituelle tradisjon, og brukte kabbalistiske navn og betegnelser i forbindelse med bønner. Som i den tidligere nevne Merkavah tradisjonen kunne dette bestå av intonering av spesielle gudenavn, englehierarkier og lignende, for å stige opp igjennom en serie plan, med hver sin særegne terskel, for gradvis å komme nærmere Gud. På samme måte kunne disse hierarkiene brukes for å trekke Guds nåde ned på jorden, i form av velsignelse, helbredelse eller beskyttelse fra ubalanserte onde krefter, enten i en selv eller i ense egen omverden.

Ofte ble en slik seremoni, hvor man ba om Guds beskyttelse brukt som innledning for alt guddommelig arbeide.[89] Denne seremoniformen var ganske utbrakt i antikken, og vi finner

---

89 Gresk: Teurgia, Guddommelig magi, alene dedikert til å nå kommunion med det evige.

den også beskrevet av kirkefedre, som brukt av paganister og heretikere i middelalderen. I det gamle Egypt var magi regnet som en egen vitenskap og kunst, styrt av guden Thoth[90], og ikke sett på som truende og ondt, men som en viktig plikt hos yppersteprestene.

Magien opplevde sin rennesanse på 1400-tallet da man begynte å sammenfatte kabbalistisk, alkymisk og hermetisk symbolikk for å lage egne systemer, både blant teologer, mystikere og i de lukkede selskap.

Her brukte man aktivt sephiroter, hierarkier og planetariske krefter for å utvide sin egen bevissthet i Teurgisk øyemed, men sidestillt med dette blomstret også som alltid thaumaturgien[91], med sine ofte mindre edle motiver.

Jeg har for dem som har fattet en interesse for praktisk kabbalisme, valgt å avslutte boken i Assiah, handlingens verden, ved å foreslå et eget rituellt arbeid for dem som har et ønske om å arbeide med kabbalistisk magi.

---

90 Som grekerne skulle oversette som "Hermes"

91 Thaumaturgia: Gresk for "Mirakelarbeide", å bruke skaperverkets lovmessigheter til å forårsake endringer på det fysiske plan.

INNVIELSE

Tradisjonens fremste fartøy igjennom sin historie, er eldre enn den selv. Dette er innvielsen. Innvielse som institusjon bør betraktes som helligere en tradisjonens egen form, den rituelle formiddlingen av en lære, av en visdom og av en hellig kraft, som setter den søkende i stand til å bryte de segl som binder hans forstand og hans vesen i mørket.

Dette sakrament opprettholder lyset i verden, og sikkrer dets overlevelse igjennom generasjonene. Hvor denne oppstod, vet vi ikke, men dens innhold hører til det gudommelige.

Innvielsen må være dogmatisk i sitt innhold, for det Mestrene søker å formiddle er tidløst. Formen må være tilpassningsdyktig, for Mysten skal leve Mysteriet i sin tid.

Det er forfatterens egen erfaring at man ikke kan utvikle seg selv hinsides en gryende oppvåkning ved selvstudium, det ville være som å banke på en dør, for så å låse den opp fra innsiden.

Selv Buddah gikk i lære, og Jesus vandret blant Tempelets prester.

Bøker har, dette til tross, vært for meg en lykt på veien, og åpnet min forståelse utover landskap jeg ellers aldri ville kunne forestille meg.

Men også disse har sin begrensning, som Louis-Claude de Saint-Martin, innstifteren av Hjertets Vei, og formiddler av den eldste magiske ordenstradisjonen i vesten:

"Bøker er sannhetens vinduer, men de er ikke dens dør.
De peker ut ting for mennesket, men de formidler dem ikke.
Det er i Mennesket vi burde skrive, tenke og tale, ikke blott på papir."

Bedre råd har jeg som leser skjeldent fått. Og de er like gjeldende for mitt eget forfatterskap.

Rituelt arbeid

For de lesere som ønsker å utforske en praktisk tilnærming til Kabbalismen, vil jeg først og fremst understreke mitt tidligere standpunkt, om at en virkelig innvielsesvei er den eneste som kan bringe en søkende til målet. En sephirotisk mestring er en livslang prosess, og den spirituelle og sjelelige utvikling dette krever kan kun læres innenfor rammene av en Orden.

Til tross for dette, vedlegger jeg her et rituelt regime som kan tjene som innledende øvelser for dem som føler seg rede for å ta et slikt steg i livet.

Disse er bygget opp i to deler:

Del 1 er en innledning av arbeidet, med en åpnings- og avslutningsseremoni, som skal brukes ved hvert av de andre ritualene, men som i den første perioden også skal gjøres som en egen øvelse.

Del 2 består av fem egne ritualer for å åpne postulantens sinn og sjel for de laveste sephirottiske kreftene, og skal gjøres i en bestemt rekkefølge, fra Malkuth til Paroketh.

Disse involverer enkle påkallelser eller rettere sagt invokasjoner,[92] hvor man skal fremmkalle de hellige egenskapene til Sephiraet man arbeider med i seg selv. Deretter meditasjoner og kontemplasjoner over de kreftene man arbeider med.

Til arbeidet brukes kabbalistiske segl som postulanten må tilvirke selv.

---

92 Fra latin: invocatio - "å synge inn"

FORBEREDELSER

Postulanten skal anskaffe seg et lite bord som skal tjene som arbeidets alter, samt en liten stol eller krakk. Disse skal være i en høyde tilpasset postulanten selv, slik at man komfortabelt kan arbeide på bordet både i sittende og stående positur.

Videre trengs en enkel, men gjerne ornamentert lysestake, en mørk, gjerne sort alterduk, røkelse av en sort man selv liker, et hvit lys, en lyseslukker, fyrstikker, godt papir og en blekkpenn.
De to sistnevnte implementene brukes til å lage seglene, disse kan brukes i et videre arbeid om man ønsker, og man bør derfor ha stoffstykker, helst lin å pakke dem bort i.
Når man ikke ønsker å arbeide med seglene lengre skal de brennes, og asken kastes på en respektfull måte.
Disse implementene legges klar på alteret før arbeidet begynner.

Man trenger ingen særskilte klær for dette arbeidet, men de bør være komfortable å meditere i over lengre tid, samt rene og respektfulle ovenfor arbeidet.

Arbeidsrommet trenger ikke være et fast sted, slik at lyset der kan dempes, og at man kan være alene i stillhet, uten å tenke på å bli forstyrret eller avbrutt.

Når man ikke arbeider med ritualene skal alle implementene man bruker ryddes forsvarlig bort, og ikke anvendes til verdslige formål.

Intonasjoner

Med intonasjon, menes den stemmen postulanten bruker for å påkalle hellige krefter, ved deres hemmelige navn.

Dette er ikke en spak, heller ikke tordnende, men andektig og nesten syngende tonering. Den brukes på enkelte setninger som anvist, og alltid på de hebraiske navn.

Ved intoneringen, fyller man først lungene sakte, men ikke til bristepunktet, og bruker intonerer så navnet på utpust, og lar den siste stavelsen svinne hen med det siste man har i lungene, dog uten å bli for hes i uttalen.

Kontemplasjon

For disse øvelsenes del, menes det med kontemplasjon at man lar sinnet hvile ved en tanke, ide, bilde eller form, og at man lar sinnet på egen hånd utlede nye bilder, meninger og tanker, som i en dialog med en selv. Om man merker at man divergerer for mye fra det opprinnelige temaet, lar man sinnet varsomt ledes tilbake til der hvor tanken brøt av og fortsetter.

Meditasjon

For disse øvelsenes del, menes det med meditasjon et stille indre fokus på sigilet, navnet eller kraften man arbeider med. Man skal her ikke la sinnet vandre, men la bildet vedvare, og forøkes i sinnet. Om man merker at oppmersomheten ledes bort, må man ikke rykke det tilbake, og derved bryte meditasjonen, men rolig lede sinnet tilbake til det opprinnelige bildet igjen.

Sigilene

Sigilene, eller de kabbalistiske tegnene for disse øvelsene er hentet fra et manuskript ved navn "Talismans, Cabalistiques, Magiques, grands secretes des Planettes" fra 1704.

De er av betydelig eldre avstamning, og korresponderer som man kan lese av tittelne med de planetariske kreftene i sephirottene.

Disse skal avtegnes av postulanten i forkant av arbeidet.

Enkle tegninger er tilstrekkelige, det er ikke den kunstneriske utførelsen som er avgjørende for hvorvidt arbeidet er vellykket, snarere er det et spørsmål om postulantens egen dedikasjon og streben.

For den som vil legge sin sjel i arbeidet, kan man oppsøke originalskriftet og bruke de fargene som er angitt på hvert sigil.

Navnene

De hellige navn som postulanten bruker i disse ritualene er det Gudsnavn som tilhører Sephirottet, dets erkeengel, og det hebraiske navnet på elementet som tilhører det.

Disse er gitt på hebraisk, det magiske alfabetet som kabbalister alltid har anvendt, og som postulanten med fordel kan lære seg, og meditere over (se appendiks B)

Arbeidets Lengde

Disse øvelsene skal gjøres daglig over en ubestemt periode, tilpasset av den søkende selv.

Derimot skal man ikke gå videre til neste øvelse uten å ha brukt et minimum av to ukers daglig praksis på hver enkelt av dem.

Man kan gjøre dem når som helst på døgnet, og gjerne flere ganger om dagen. Praktiserer man kun én gang daglig, er det ofte formålstjenlig å gjøre dette på kvelden, som det siste før man legger seg.

De første to ukene skal man kun gjøre Åpningen og Lukkingen av Sanctumet, og ikke påbegynne sigilarbeidet før den tredje uken.

I denne første fasen skal man bruke det åpne Sanctumet utelukkende som et meditasjons, eller kontemplasjonssted, slik at man gradvis tilvenner bevisttheten å befinne seg i denne tilstanden før man tilfører nye krefter.

Alkemisk kan man ligne denne første fasen med å tilberede og rense kolben, samt å varme den sakte opp, før de materier man skal bearbeide tilføres den.

For at dette arbeidet skal vedbli, er det høyst anbefalt å føre en journal over de tanker, opplevelser og drømmer man har i forbindelse med dette arbeidet.

Sanctum

Når arbeidet skal begynne, åpner postulanten sitt arbeidssted, sitt Sanctum. Dette er et hellig sted, et yttre bilde på postulantens eget indre. Det blir en mikrokosmos, avsondret fra den yttre verden, hvor alt som forekommer, alle fenomener som skulle oppstå, er en gjenspeiling av sjelelige prosesser.

Det blir et Laboratorium hvor postulanten selv er alkymistens kolbe, og hvor dennes følelser, tanker og sjel er kunstens elementer som renses, løses opp, bindes sammen og transmuteres.

Det blir et Oratorium, et bønnested, hvor den indre dialogen mellom sjelen og det guddommelige evige kan utfolde seg i fullkommen fortrolighet.

Det blir et studerkammer, hvor man kan fordype seg i alle esoterikkens kunster, som sammen skal forøke dennes verdslige liv, ved det hellige livets opphøyelse.

Dette stedet er hellig, og et bilde på det Aller Helligste.

Derfor må postulanten behandle det deretter, for det er på dette stedet man skal gå sin Shekinah i møte.

Det Hellige Sanctums trefoldighet;
Oratorium, Laboratorium, og Studiekammer

Fra Heinrich Kunrath: Den Evige Visdommens Amfiteater, 1595

ÅPNING AV DET HELLIGE SANCTUM

✠

Før du begynner, sett deg først ned, vend blikket innover og fall til ro. Når du etter en tid kjenner at pulsen har senket seg, kroppen har blitt avspent, og pusten din er rolig, reiser du deg, tegner i luften et kors foran lyset med din høyre hånd, og se for det at det brenner i flammen. Inntonerså, med nesten syngende stemme:

בראשית
(Berashit)

I den usynlige enes navn:
יהוה
(Yod-Heh-Vau-Heh)

og i Forløserens navn som stiger frem fra mørket:
יהשוה
(Yeh-he-shu-ah)

Tenn så en fyrstikk, og hold så hendene med håndflatene inn mot lyset, på hver sin side av det mens du sier:
...Tenner jeg dette lys, som et tegn på den Helliges evige Ild, brennende i materiens mørke....

Tenn så lyset, mens du sier:

....Og velsigner dette Sanctum, til å bli en hellig sirkel hvor jeg kan arbeide, i harmoni, stillhet og fred.

Måtte mitt arbeid være vigslet til min egen forløsning og det helliges tilstedeværelse i verden.

Tenn så røkelsen, mens du sier:

Og som denne røkelse stiger opp til himmelen, måtte mine tanker, mine ord, og min sjel også stige opp til det sted hvor den kommer fra...

Intoner til sist: Amen.

Sett deg nå ned, rak i ryggen men ikke på en slik måte at du må anstrenge for å holde deg oppreist.

La blikket dvele på lyset, uten å stirre anstrengt på det. Dvel over lyset som skinner i mørket, og la det Hellige og evige sakte senke seg over Sanctumet.

Nå kan du gjøre dine meditasjonsøvelser, kontemplere noe som opptar dine studier, eller når tiden er inne, begynne første Sigilarbeide.

Når du er ferdig med det du har satt deg fore, skal du alltid, uten unntak avslutte med Lukkingen av det Hellige Sanctum.

LUKKINGEN AV DET HELLIGE SANCTUM

✠

Etter ditt arbeid reiser du deg igjen og tegner korset foran lyset.
Inntoner så:

הסוף
(Hasoph)

I den usynlige enes navn:
יהוה
(Yod-Heh-Vau-Heh)

og i Forløserens navn som stiger frem fra mørket:
יהשוה
(Yeh-he-shu-ah)

...Takker jeg for det jeg har mottatt, som et levende ledd i den Uskrevne Tradisjonens kjede. Jeg lover å sjenke den visdommen som måtte bli meg til del i dette arbeid videre, til alle dem som måtte søke den selv.

Måtte materiens mørke aldri fordunkle det hellige lys, som for alltid brenner i skaperverkets hjerte.

Slukk så lyset, mens du intonerer: Amen.

Forlat så Sanctumet, trekk deg om mulig tilbake til et annet rom hvor du kan sitte en kort stund og gradvis vende tilbake til din dagligdagse bevissthet, før du så vender tilbake til Sanctumsrommet, og forsvarlig pakker bort implementene.

Forberedelser før Sigiløvelsene

Sigiløvelsene er selvstendige ritualer som har til hensikt å åpne de enkelte sephira som bearbeides i postulantens egen Ruach, eller sjel. Paradoksalt nok, er disse allerede åpne, men deres krefter påkalles alene, slik at de på en klar og entydig måte kan skues inn i, granskes og forstås av den søkendes meditative forstand.

Før hvert rituale, som skal utføres umiddelbart etter åpningen av Sanctumet, bør postulanten har tilbrakt tid til å studere det aktuelle sephiras kapittel, slik det presenteres i denne boken.

Spesiell oppmerksomhet bør rettes mot det som griper ens fascinasjon ved sephiraet, og dernest det Magiske Bildet som tilfaller hver av dem.

Når påkallelsen er gjort, skal man for en tid først fokusere på sigilet man har forberedt, og plassert mellom seg selv og lyset på alteret, for så å lukke øynene og meditere på det.

Det er viktig å ikke fremtvinge noen fornemmelser, eller henfalle til kontemplasjon over kraften umiddelbart, men slappe av og være tolmodig. Som det står skrevet:

Be, så skal dere få. Let, så skal dere finne. Bank på, så skal det lukkes opp for dere. For den som ber, han får, og den som leter, han finner, og den som banker på, blir det lukket opp for.

Forvandlingens Sanctum,
i møtet mellom det Himmelske og det Jordlige

Talismans, Cabalistiques, Magiques,
grands secretes des Planettes, 1704

ØVELSE 1: MALKUTH

∇

Reis deg og tegn Jordens symbol foran lyset, se det for deg i den brennende flammen, og inntoner:

אדני הארץ

(Adonai-Ha-Aretz)

Evige og urokkelige, Herre over Jorden! Ved din kraft, og mektige din engel...

אוראל

(Auriel)

Ber jeg deg om å få tre inn i din tiende sfære

מלכות

(Malkuth)

Måtte jeg vandre trygt under din engels vinger, få kjennskap til den del av meg som der er forpaktet av elementet

ארץ

(Aretz)

Måtte Jordens element reise meg, og gi meg den urokkelige fasthet jeg trenger i min søken etter det Hellige ene Mysterium.

Intoner så: Amen
Sett deg så ned, og ta i mot det som blir deg gitt.

Malkuths Segl
Guds navn YHVH, tetragrammaton,
innskrevet i et triangel med de tre alkemiske symbolene for svovel,
kvikksølv og salt i hvert hjørne.

ØVELSE 2: YESOD

△

Reis deg og tegn Luftens symbol foran lyset, se det for deg i den brennende flammen, og inntoner:

שדי אל חי
(Shadai-El-Chai)

Vesnenes besjeler, Allmektige Levende Gud! Ved din kraft, og mektige din engel...

רפאל
(Raphael)

Ber jeg deg om å få tre inn i din niende sfære

יסד
(Yesod)

Måtte jeg vandre trygt under din engels vinger, få kjennskap til den del av meg som der er forpaktet av elementet

רוח
(Ruach)

Måtte Luftens element løfte meg, og gi meg den mykhet jeg trenger for å lette tåken som hindrer meg fra å se hvem jeg er.

Intoner så: Amen
Sett deg så ned, og ta i mot det som blir deg gitt.

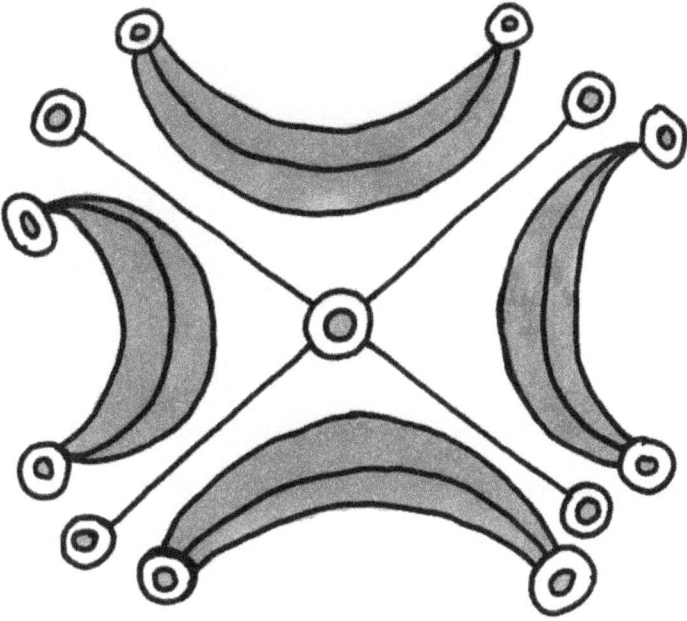

Yesods Segl

ØVELSE 3: HOD

$$\nabla$$

Reis deg og tegn Vannets symbol foran lyset, se det for deg i den brennende flammen, og inntoner:

אלהים צבאות
(Elohim Zevaot)

Strukturenes Mester, Vertenes Vert! Ved din kraft, og mektige din engel...

גבריאל
(Gabriel)

Ber jeg deg om å få tre inn i din åttende sfære

הוד
(Hod)

Måtte jeg vandre trygt under din engels vinger, få kjennskap til den del av meg som der er forpaktet av elementet

מים
(Ruach)

Måtte Vannets element rense meg, og gi meg den klarhet jeg trenger for å skue alt som beveges i meg slik det virkelig er.

Intoner så: Amen
Sett deg så ned, og ta i mot det som blir deg gitt.

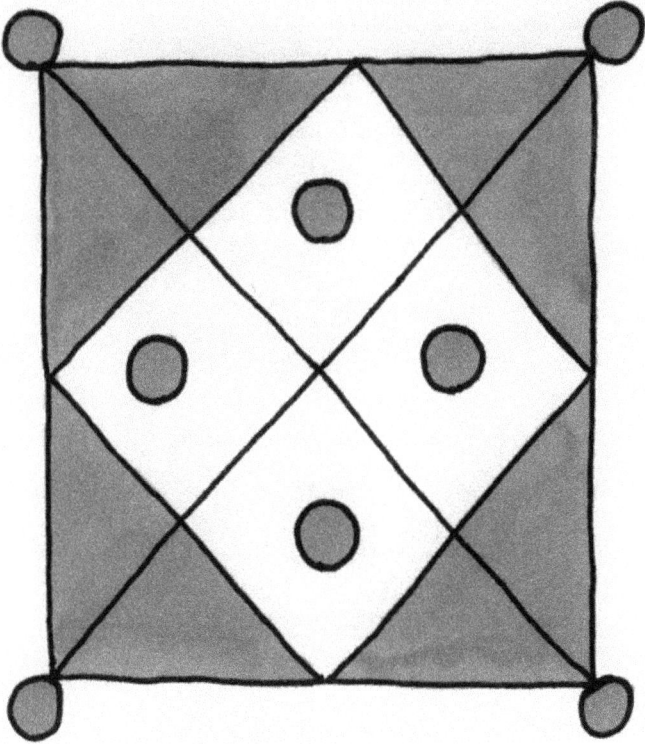

Hods Segl

301

ØVELSE 5: NETZACH

△

Reis deg og tegn Ildens symbol foran lyset, se det for deg i den brennende flammen, og inntoner:

יהוה צבאות
(Yod-Heh-Vau-Heh Zevaot)

Levende Flamme, Herskarenes Gud! Ved din kraft, og mektige din engel...

מיכאל
(Mikael)

Ber jeg deg om å få tre inn i din syvende sfære

נצח
(Netzach)

Måtte jeg vandre trygt under din engels vinger, få kjennskap til den del av meg som der er forpaktet av elementet

מים
(Ruach)

Måtte Ildens element helliggjøre meg, og fri meg fra alle bånd jeg legger på mitt hjerte, slik at jeg kan delta i altet.

Intoner så: Amen
Sett deg så ned, og ta i mot det som blir deg gitt.

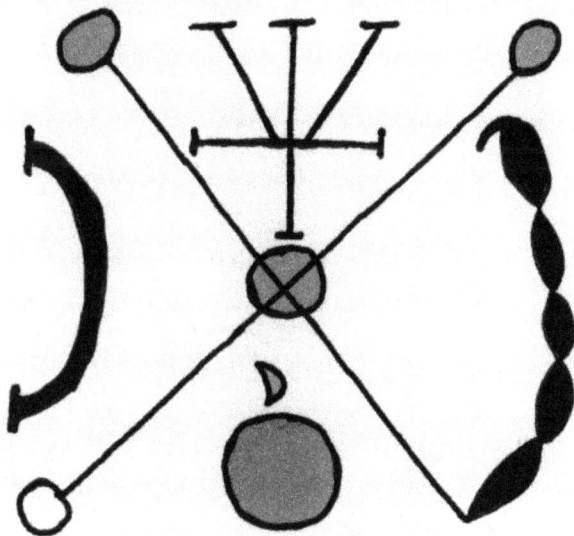

Netzachs Segl

ØVELSE 6: PAROKET

3

Reis deg og tegn Parokets symbol foran lyset, se det for deg i den brennende flammen, og inntoner:

יהוה

(Yod-Heh-Vau-Heh)

Skapelens og Univerenes formgiver, Altets kilde!

יהשוה

(Yeh-he-shu-ah)

Forsoner og forløser, som forener alt det skapte i ditt hjerte!

סנדלפון

(Sandalphon)

Du som reiser deg fra Jordens indre, og løfter ditt åsyn mot det himmelske, lik deg reiser jeg meg fra den Adamiske Jorden, og vender meg mot det Hellige som er min kilde. La meg kle meg i Hellighet, og være ett med det lys hvorfra jeg kom. Nå og for alltid.

Intoner så: Amen

Sett deg så ned, og dvel så i taushet over slørets mysterium.

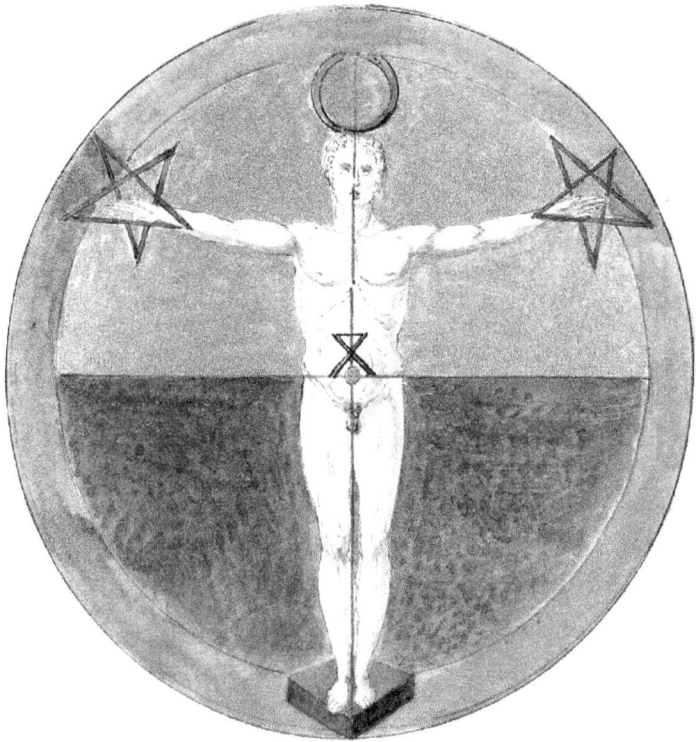

Parokeths Segl
Sort nede, og gyllent over.

ETTERORD

Jeg håper at leseren sitter igjen med et viss inntrykk av kabbalismen og hvilken rolle den har spilt for vestens kultur og tenkning. Hva jeg her har lagt frem, har i hovedsak vært tradisjonelle meninger og oppfatninger, men unekteligvis også mine egne. Kabbalismen er ikke som mange andre mysterietradisjoner, en død lære som man finner i gamle tekster bortgjemt på et bibliotek, en sjelden gang tatt frem og børstet støv av, av en professor som ser det hele som en kuriositet.

Kabbalismen lever i beste velgående den dag i dag, og den muntlige tradisjonen overleveres fortsatt, i lukkede ordener, så vel som på torg og caféer. For hvert menneske som tar til seg læren om Livets Tre og de ti Sephirot, strekker tradisjonens grener seg litt lengre, og beriker stammen den vokser fra. Studentene selv blir selve tradisjonen, og har alltid vært det.

Alle mennesker søker noe i livet sitt. Mange vet ikke hva, men de fleste er enige om at de ønsker å være lykkelige. Tradisjonen selv hevder at man først må finne hva man selv vil, og så strebe sitt ytterste for å nå dette mål. Et gammelt visdomsord sier at "målet er aldri så interessant som veien dit", og i disse ordene ligger kanskje nøkkelen til lykke her på jorden, følelsen av å være på vei mot noe. Uansett om man når det eller ikke, vil veien til dette usynlige målet alltid være der, og selv i dagens samfunn, hvor kun den materielle lykke ses på som den reelle, strømmer mennesker sammen i jakten på sannheten.

Hvorfor søker da så mange til en urgammel tradisjon som kabbalismen? Har vi ikke kommet lengre i vitenskap og filosofi?

Kanskje, men vi har enda svært få svar, mennesket har gransket seg selv i årtusener og stilt seg de samme tre spørsmålene igjen og igjen, Hvem er jeg, hvor kommer jeg fra, og hvor skal jeg hen. Personlig har jeg enda til gode å høre et annet menneske fortelle meg hvem jeg er.

Kabbalister igjennom historien funnet disse svarene for seg selv, men legger dem ikke i munnen på andre. For om det ble nedlagt faste dogmer og svar på disse spørsmålene, ville tradisjonen stoppe opp og dø ut. Denne søken vil aldri ta slutt så lenge det finnes mennesker som har trangen til selvforståelse, -Bahir sier at "om det kun finnes ett rettskaffent menneske på jorden, så eksisterer fremdeles rettskaffenheten", og på samme måte, hvis det eksisterer kun ett menneske med en åndelig trang til selverkjennelse, så finnes mystisismen enda.

Mange stiller seg spørsmålet, hvor skal jeg begynne? Kabbalister vil svare med samlet røst, deg selv.

Tradisjonen gir deg ingen svar, men hjelper deg å finne dine egne. Når du derfor tar Den Hellige Kabbalah i bruk, opphører den å bli en urgammel lære, og blir en Levende Mysterietradisjon.

Ti sephirot av ingen-Ting.
Én er pusten fra den levende Gud, hans trone er grunnsatt fra
evigheten, velsignet være navnet til
Verdenenes Liv, i evighet:
Stemmen, pusten og taleevnen.
Taleevnen er den Hellige Pust.
Dens inntreden har ingen begynnelse,
dens avslutning har ingen ende.

Ove Joachim Svela
Oslo, 8 Mars, 2003

APPENDIKS

Appendiks A: Livets Tre

APPENDIKS B: DET HEBRAISKE ALFABETS
KORRESPONDANSER

Heb	Norsk	Staves	Verdi	Betydning	Tarotkort	Betydning	Element	Sti
א	Aleph	אלף	1	Okse	Narren	Kraft	Luft	11
ב	Beth	בית	2	Hus	Magikeren	Oppmerksomhet	Luft	12
ג	Gimel	גמל	3	Kamel	Ypperste-prestinnen	Hukommelse	Vann	13
ד	Daleth	דלת	4	Dør	Keiserinnen	Fantasi	Luft	14
ה	He	הה	5	Vindu	Keiseren	Fornuft	Ild	15
ו	Vau	וו	6	Spiker	Hierophanten	Intuisjon	Jord	16
ז	Zayin	זין	7	Sverd	De Elskende	Diskriminering	Luft	17
ח	Cheth	חית	8	Gjerde	Vognen	Mottagelighet	Vann	18
ט	Teth	טית	9	Slange	Styrke	Suggesjon	Ild	19
י	Yod	יוד	10	Hånd	Eremitten	Respons	Jord	20
כ,ך	Kaph	כף	20,500	Neve	Skjebnehjulet	Rotasjon	Ild	21
ל	Lamed	למד	30	Okseplog	Rettferdighet	Equilibrium	Luft	22
מ,ם	Mem	מם	40,600	Vann	Den Hengte	Omvendelse	Vann	23
נ,ן	Nun	נון	50,700	Fisk	Døden	Transformasjon	Vann	24
ס	Samek	סמך	60	Støtte	Balanse	Bekreftelse	Ild	25
ע	Ayin	עין	70	Øye	Djevelen	Slaveri	Jord	26
פ,ף	Peh	פה	80,800	Munn	Tårnet	Oppvåkning	Ild	27
צ,ץ	Tzaddi	צדי	90,900	Fiskekrok	Stjernen	Åpenbaring	Luft	28
ק	Qoph	קוף	100	Bakhode/Øre	Månen	Organisasjon	Vann	29
ר	Resh	ריש	200	Hode	Solen	Regenerasjon	Ild	30
ש	Shin	שין	300	Tann	Dommen	Realisering	Ild	31
ת	Tau	תו	400	Kors	Universet	Universell Helhet	Jord	32

Appendiks C: Videre Lesning

For dem som ønsker å fordype sin forståelse av kabbalismen, finnes det tre veier,
Videre lesning, praktisk arbeide, og å søke innvielse.
Studier er viktig, uavhengig av hvilken vei man vil følge, og jeg anbefaler derfor her noen bøker jeg selv har hatt stor glede av.

Sephirottiske Studier:

The Mystical Qabbalah - Dion Fortune
Denne boken gir et solid studie i en hermetisk forståelse av sephirottene, som strekker seg langt ut over denne bokens ambisjoner.

A garden of Pomegranates - Isreal Regardie
Denne boken tilnærmer seg Livets Tre på en mer praktisk og visjonsfokusert måte, men beholder likevel en nøkternhet i sitt studie av de 22 stier, såvel som av sephirottene

Originaltekster:

Sefer Yetzirah: The Book of Creation - Aryeh Kaplan
En fremragende akademiker og kabbalist.
Presenterer en av kjernebøkene i tradisjonen på en ypperlig måte.

The Bahir: Illumination - Aryeh Kaplan
Kaplan presenterer her en mer doktrinelt utbroderende studie, en glimrende start for dem som vil våge seg i kast med Zohar.

Praktiske studier:

Meditation and Kabbalah - Aryeh Kaplan
En god historisk innføring i kabbalistisk meditasjon for dem som finner jødisk kabbalah givende, men ikke så lett tilgjengelig for dem med et mer hermetisk temperament.

The Essential Golden Dawn: An Introduction to High Magic -Chic og Sandra Tabatha Cicero
En god introduksjon til Golden Dawns magiske system, med et fokus på å igangsette studenten hurtig, men forsvarlig.

Appendiks D: Videre Studier

For den seriøse student, som virkelig søker innvielse i en levende vestlig mysterietradisjon og som er villig til å bestrebe seg selv for sin egen utvikling, finnes det to Ordensselskaper denne bør vurdere. Begge disse er etablerte i Norge.

For Mystisk arbeid:

Ordre Reaux Croix
En Martinistorden som forener tre veier under ett banner:
Mystisk, Magisk og Chivalrisk
www.ordrereauxcroix.org

For Magisk Hermetisk arbeid:

Sodalitas Rosae+Crucis
Et reformert Golden Dawn, med røtter i eldre tradisjoner
www.rosae-crucis.net
www.goldendawn.no